PREFAB HOUSES

MAISONS PRÉFABRIQUÉES

FERTIGHÄUSER

PREFAB HOUSES
MAISONS PRÉFABRIQUÉES
FERTIGHÄUSER

evergreen

© 2009 EVERGREEN GmbH, Köln

Editorial coordination:
Simone Schleifer

Editor:
Sergi Costa Duran

Coordination of translations:
Carla Parra Escartín

English translation:
Tabitha Michaels

French translation:
Aurore Gauthier, Jenny Azarian

Art director:
Mireia Casanovas Soley

Graphic design and layout:
Ignasi Gracia Blanco

Printed in Spain

ISBN 978-3-8365-1143-8

Contents Sommaire Inhalt

The mass production of houses goes back a long way in Europe, especially in the more industrialized northern countries. This is also the case in the United States, where prefabricated modules and the so-called McMansions are growing in popularity in states with higher seismic risk, such as California.

This type of construction is sometimes underpinned by economic and political motives. During the sixties and seventies, prefabricated residences in Eastern Bloc countries were built for these very reasons. In other cases—Germany, Austria and the Scandinavian nnations—it was the ecological mindset and stricter legislation that transformed these countries into the champions of the eco-architecture trend we are currently experiencing.

Preconceived notions of prefabricated systems as a symbol of cheap housing that is not attractive and even less exclusive (epitomized by catalog-order homes) are now changing. The use of new technologies and sophisticated CAD/CAM/CAE systems mean today's models have contemporary designs that are appealing to more and more people. The supply has increased. Even better: it has diversified.

In addition to new technologies for designing, cutting and assembling, society's appetite for more sustainable architecture has favored the industrialization of the construction sector. This has even attracted the attention of MoMA, which can be seen by its 2008 exhibition *Home Delivery: fabricating the modern dwelling*.

The ecological, social and economic advantages of these systems are clear: shorter construction schedules, more uniformity and perfection in finishes, a lower impact on the environment and less hazards for those working on site. What's more, the three most widespread prefabrication systems (wood, steel and concrete) are cheaper for manufacturers and end users alike.

This overall growth of prefabricated systems is the reason why major household names, such as IKEA (www.boklok.com) and MUJI (www.muji.net/ie) already offer their own models. Closer to home, there are also other initiatives such as www.spacebox.nl in the Netherlands, www.containercity.com in England, and the Spanish www.habidite.com.

The following pages will show you housing solutions that are based on optimal and attractive designs, and which use production systems often spurred on by the latest technology, and a strong green ambition.

La production en série de maisons connaît une longue tradition en Europe, particulièrement dans les pays du Nord qui sont plus industrialisés, mais aussi aux États-Unis grâce aux maisons connues sous le nom de McMansions et à l'expansion de modules préfabriqués dans les États où les risques sismiques sont majeurs, comme la Californie.

Dans certains cas, ce type de fabrication a été conçu pour des raisons politiques et économiques, ce qui a encouragé la construction de résidences préfabriquées dans les pays du bloc de l'Est au cours des années 60 et 70. Dans d'autres cas, des pays tels que l'Allemagne, l'Autriche et la Scandinavie sont devenus de véritables leaders de la révolution actuelle, en raison de leur sensibilité écologique et de leur législation plus exigeante en matière de construction.

On constate une atténuation des préjugés sur les systèmes préfabriqués, symbole de construction bon marché et peu attractive (représentée par les maisons vendues sur catalogue). Grâce à l'utilisation des nouvelles technologies et des systèmes CAD/CAM/CAE, les particuliers sont de plus en plus nombreux à apprécier les modèles actuels et modernes. L'offre s'est d'ailleurs considérablement accrue ; mieux encore : elle s'est diversifiée.

Outre les nouvelles technologies concernant la conception, le découpage et l'assemblage, la prise de conscience de la nécessité d'une architecture plus durable a joué en faveur de la construction industrialisée et suscité l'intérêt au MoMA, comme le prouve l'exposition *Home Delivery: fabricating the modern dwelling* organisée en 2008.

Ces systèmes offrent des avantages écologiques, sociaux et économiques flagrants : réduction du temps d'exécution, finitions plus nettes et uniformes, baisse de l'impact négatif sur l'environnement et des risques du travail sur le terrain. Le fait que les trois systèmes de préfabrication les plus répandus (bois, acier et béton) abaissent les coûts tant pour le fabricant que pour le client représente un avantage supplémentaire.

L'expansion globale des systèmes préfabriqués explique la raison pour laquelle de grands distributeurs du secteur de la décoration tels que IKEA (www.boklok.com) et MUJI (www.muji.net/ie) proposent déjà leurs propres modèles. À souligner sont également d'autres initiatives de caractère plus local, en Hollande (www.spacebox.nl), en Grande-Bretagne (www.containercity.com) et Espagne (www.habidite.com).

Les pages suivantes présentent des solutions basées sur un concept optimal et séduisant, dont la réalisation repose bien souvent sur l'utilisation des toutes dernières technologies et découle d'une ferme ambition écologique.

Die Serienproduktion von Häusern besitzt in Europa, insbesondere in den industrialisierten nordeuropäischen Ländern, wie auch in den Vereinigten Staaten mit den sogenannten McMansions und der Fertigmodulbauweise in Staaten mit hoher Erdbebengefahr wie Kalifornien, eine lange Tradition.

Das Bauen mit vorgefertigten Teilen war gelegentlich aus politischen und ökonomischen Gründen motiviert, so in den 1960er- und 1970er-Jahren in den Ostblockländern. In anderen Ländern, zum Beispiel Deutschland, Österreich und Skandinavien, machten ein gewachsenes Umweltbewusstsein und strengere Vorschriften diese Länder zu Vorkämpfern der „ökoarchitektonischen" Revolution, die wir zurzeit erleben.

Die Vorurteile gegen Fertigbausysteme als Zeichen billigen, unattraktiven und serienmäßigen Bauens (mit Häusern, die per Katalog bestellt werden können) ändern sich. Die mithilfe neuer Technologien und modernster Computersysteme (CAD, CAM, CAE) entworfenen aktuellen Häuser in modernem Stil werden von einem immer breiteren Publikum geschätzt. Das Angebot hat sich vergrößert und – was noch erfreulicher ist – diversifiziert.

Zusätzlich zu den neuen Technologien in den Bereichen Design, Fertigung und Zusammenbau hat die in Richtung einer nachhaltigeren Architektur veränderte gesellschaftliche Einstellung zum industrialisierten Bauen beigetragen – und sogar die Aufmerksamkeit des Museum of Modern Art in New York (MoMA) geweckt, wie die Ausstellung *Home Delivery: fabricating the modern dwelling* im Jahr 2008 zeigt.

Die ökologischen, sozialen und wirtschaftlichen Vorteile dieser Systeme sind eindeutig: geringere Bauzeiten, gleichmäßigere und präzisere Ausführungen, geringere Umweltbelastung und weniger Arbeitsrisiken am Standort. Als zusätzlichen Vorteil bringen die drei meistverbreiteten Fertigbausysteme (Holz, Stahl und Beton) geringere Kosten für Hersteller und Endkunden mit sich.

Die globale Ausbreitung der Fertigbausysteme erklärt auch, warum große Händler im Möbel- und Wohnbereich wie IKEA (www.boklok.com) und MUJI (www.muji.net/ie) schon ihre eigenen Modelle offerieren. Weitere, regionalere Anbieter findet man u. a. in den Niederlanden (www.spacebox.nl), Großbritannien (www.containercity.com) oder Spanien (www.habidite.com).

Die folgenden Seiten zeigen Wohnlösungen mit optimalem und attraktivem Design, deren Fertigung oftmals durch neuartige Technologien und große ökologische Verantwortung geprägt ist.

PREFAB HOUSES
MAISONS PRÉFABRIQUÉES
FERTIGHÄUSER

☐ 12 Container House

Adam Kalkin

When designing this house, the artist and architect Adam Kalkin was obliquely inspired by the concept of "upcycling", a term coined by William McDonough and Michael Braungart in their book-manifesto on ecological design *Cradle to Cradle*, which refers to the revaluation of products generated as waste in other processes. Kalkin, a devotee of working with containers, used great imagination and a dose of sensitivity to transform an eminently industrial material—a transoceanic container—into a domestic structure. The dwelling is designed around a rectangular floor plan with two wings. The entire structure comprises six stainless steel containers on the first floor and another six on the level above. The east- and west-facing façades are completely glazed. The center of the dwelling is arranged around an open plan "hall" floored with concrete, which is the communal space; from here two sturdy staircases lead up to the private spaces on the second floor.

L'architecte et artiste Adam Kalkin s'est indirectement inspiré du concept « upcycling », rendu célèbre par William McDonough et Michael Braungart dans leur livre-manifeste sur le design écologique *Cradle to Cradle*, qui traite de la revalorisation d'un produit résiduel résultant d'un autre procédé. Adam Kalkin travaille assidûment à partir de conteneurs. Avec beaucoup d'imagination et de sensibilité, il parvient à transformer un élément industriel, tel qu'un conteneur transocéanique, en une structure habitable très esthétique et confortable. Cette maison se compose d'un corps rectangulaire pourvu de deux ailes. Sa réalisation a nécessité six conteneurs en acier inoxydable au rez-de-chaussée et six autres conteneurs pour l'étage. Les façades est et ouest sont entièrement vitrées. Au centre, le hall d'entrée, très ouvert et au sol en béton, sert d'espace de vie commun d'où partent deux solides escaliers conduisant aux espaces privés de l'étage.

Der Architekt und Künstler Adam Kalkin ließ sich indirekt vom „Upcycling"-Konzept inspirieren, das von William McDonough und Michael Braungart in ihrem Buchmanifest über ökologisches Design Cradle to Cradle geprägt wurde und sich auf die Aufwertung eines Restprodukts aus einem anderen Prozess bezieht. Kalkin, der häufig mit Containern arbeitet, gelingt es, mit Fantasie und Einfühlungsvermögen etwas vollkommen Industrielles wie einen Überseecontainer in etwas ausgesprochen Häusliches zu verwandeln. Das Gebäude besitzt einen rechteckigen Grundriss mit zwei Flügeln. Insgesamt setzt es sich aus sechs Edelstahlcontainern im Erdgeschoss und sechs weiteren im ersten Stock zusammen. Die Fassaden nach Osten und Westen sind komplett verglast. In der Mitte befindet sich eine weit geöffnete Halle mit Betonboden, die als öffentlicher Bereich dient und von der aus zwei robuste Treppen zu den Privaträumen im ersten Stock führen.

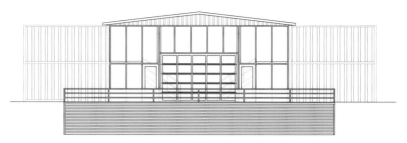

East elevation Élévation est Östlicher Aufriss

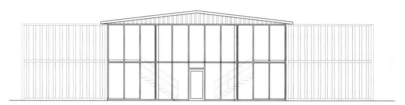

West elevation Élévation ouest Westlicher Aufriss

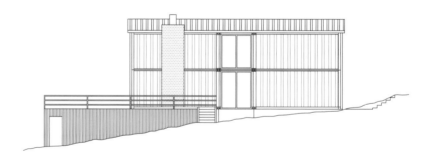

North elevation Élévation nord Nördlicher Aufriss

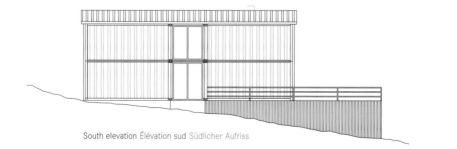

South elevation Élévation sud Südlicher Aufriss

Kalkin adjusted the standard proportions of the containers to create both indoor and outdoor architectural solutions. Similar systems have been developed in London and Amsterdam.

Kalkin adapte les proportions standard des conteneurs pour résoudre les questions architectoniques des espaces intérieurs et extérieurs. Des systèmes similaires ont été développés à Londres et Amsterdam.

Kalkin passt seine architektonischen Lösungen in den Innen- und Außenbereichen an die Standardabmessungen der Container an. In London und Amsterdam wurden ähnliche Systeme entwickelt.

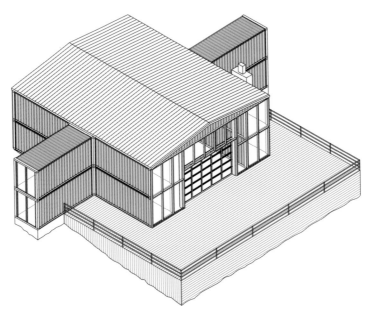

Axonometric south-east view Vue axonométrique sud-est Axonometrie der Süd-Ost-Ansicht

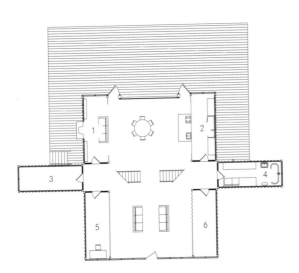

Ground floor Rez-de-chaussée Erdgeschoss

1. Library Bibliothèque Bibliothek
2. Kitchen Cuisine Küche
3. Playroom Salle de jeux Spielzimmer
4. Bathroom Salle de bains Bad
5. Office 1 Débarras 1 Studio 1
6. Guest bedroom Chambre d'amis Gästezimmer

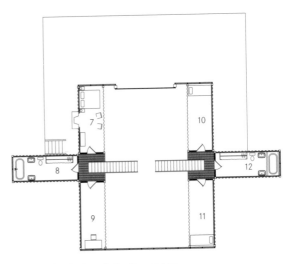

First floor Premier étage Erstes Obergeschoss

7. Master bedroom Chambre à coucher principale Elternschlafzimmer
8. Master bathroom Salle de bains principale Elternbadezimmer
9. Office 2 Débarras 2 Studio 2
10. Children's bedroom 1 Chambre enfant 1 Kinderschlafzimmer 1
11. Children's bedroom 2 Chambre enfant 2 Kinderschlafzimmer 2
12. Children's bathroom Salle de bains enfants Kinderbad

☐ Plus House

Claesson Koivisto Rune

This house was commissioned by Arkitekthus, a development company that normally works together with leading Swedish architects. Inspired by the forms typically found in Swedish granaries, this two-story building has a gabled roof and a rectangular floor plan, with its communal spaces on the first floor and the private quarters on the second. The open plan interior spaces, of 1755 sq. ft., enable a very versatile spatial configuration. The prefabricated wooden components—the superstructure, cladding panels and decking—are all made with lumber from sustainable forest projects. Although the cladding was inspired by traditional lines, the architect envisioned a modern design for the interior spaces, with versatile levels and glass façades. The second floor, which can contain up to four bedrooms, has French doors opening onto balconies inset in the gable ends.

Cette maison correspond à une commande passée par le promo-teur Arkitekthus qui travaille régulièrement avec des architectes suédois de renom. Le bâtiment, dont les volumes rappellent le typique grenier suédois, est constitué d'un toit à deux versants et d'un corps rectangulaire à deux niveaux; les espaces à vivre sont situés au rez-de-chaussée et les privés à l'étage. La configuration ouverte des espaces intérieurs, 163 m² au total, donne lieu à une organisation spatiale très flexible. Les éléments préfabriqués en bois sont la charpente provenant d'une exploitation forestière durable, les panneaux de revêtement et le toit. Bien que les formes traditionnelles aient influencé l'enveloppe de ce module, l'architecte a misé sur un design moderne pour les espaces inté-rieurs, avec des volumes modifiables et des façades composées de pans de mur vernissés. L'étage, qui peut abriter jusqu'à quatre chambres à coucher, est s'ouvre par baies vitrées sur l'extérieur et comprend deux balcons en retrait de la façade.

Dieses Haus ist ein Projekt des Bauunternehmens Arkitekthus, das normalerweise mit berühmten schwedischen Architekten zusammenarbeitet. Das von der typischen Form schwedischer Getreidespeicher inspirierte Gebäude weist ein Satteldach und einen rechteckigen Grundriss über zwei Etagen auf, wobei sich der öffentliche Bereich im Erdgeschoss und die Privaträume im Obergeschoss befinden. Die offene Anordnung der Innenräume mit insgesamt 163 m² Fläche ermöglicht eine sehr flexible Raum-aufteilung. Die Holzfertigbauteile der Grundstruktur sowie die als Verkleidung verwendeten Paneele und das Dach stammen aus nachhaltiger Forstwirtschaft. Die Außenhaut orientiert sich zwar an herkömmlichen Formen, aber in den Innenbereichen hat der Architekt auf modernes Design mit Glaswänden und flexi-blen Grundrissen gesetzt. Im ersten Stock, der bis zu vier Schlaf-zimmer umfassen kann, finden sich in den Dachgiebeln Glasflä-chen und zwei zurückgesetzte Balkone.

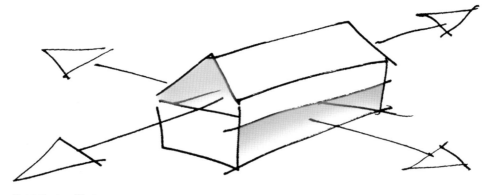

Sketch Esquisse Skizze

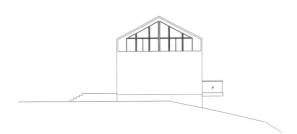

Northeast elevation Élévation nord-est Nordöstlicher Aufriss

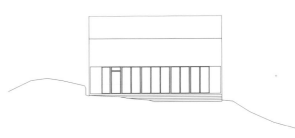

Southwest elevation Élévation sud-ouest Südwestlicher Aufriss

Southeast elevation Élévation sud-est Südöstlicher Aufriss

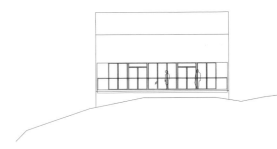

Northwest elevation Élévation nord-ouest Nordwestlicher Aufriss

This house is sold in three sizes: 1755, 2013 and 2497 sq. ft. The main components are the timber structure with sustainable certification, the timber cladding and the aluminum-framed carpentry.

Cette maison est vendue en trois dimensions différentes : 163, 187 et 232 m². La structure en bois certifié FSC, le revêtement et la menuiserie au profil d'aluminium constituent les principaux éléments de cette construction.

Drei Größen werden angeboten: 163, 187 und 232 m². Der Bau besteht aus der Grundstruktur aus Holz mit Nachhaltigkeitszertifikat (FSC), der Holzverkleidung und gezimmerten Elementen mit Aluminiumprofil.

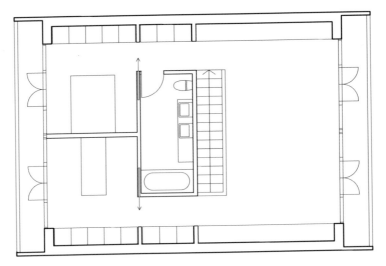

First floor Premier étage Erstes Obergeschoss

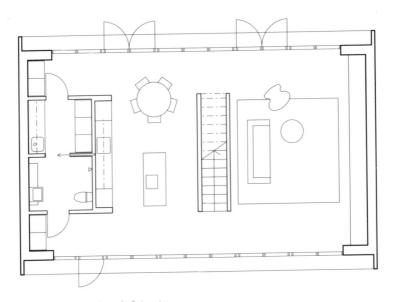

Ground floor Rez-de-chaussée Erdgeschoss

☐ Farley Studio

M. J. Neal Architects

This 2454 sq. ft. residence and studio, designed for a couple without offspring, lies in a rural area and was constructed on a very thin budget (111,300 euros). The architects wanted to create a space within a space, a kind of "Chinese Box". This is how they came up with the design for a 603 sq. ft. box structure containing a powder room and kitchen, on the first floor, and bedroom and bathroom on the second floor. This inner box has an artificial climate control system and nestles inside a naturally ventilated outer pavilion. The pavilion is mainly a living space and painting studio, although it can also be converted into a parking lot if inclement weather means this is so required. The enclosing structure is made from metal structural insulated panels (SIPs), and the prefabricated skin consists of a double shell of polycarbonate and of corrugated galvanized steel.

Ce projet consiste en une maison-studio de 228 m² prévue pour un couple sans enfant, située dans une zone rurale et construite avec un budget limité (111 300 euros). Les architectes ont créé un espace inclus dans un autre espace, couvrant une superficie de 56 m² avec toilettes et cuisine au rez-de-chaussée, une chambre à coucher et une salle de bains à l'étage ; cette boîte dotée d'une unité de climatisation se prolonge par une annexe à aération naturelle. Cet espace, conçu en premier lieu comme salle de séjour et atelier de peinture, peut aussi servir de garage si les rigueurs du temps l'exigent là où il est implanté. L'enveloppe du toit se compose d'une structure préfabriquée en acier et de panneaux d'isolation thermique (SIPs). Les revêtements, également préfabriqués, sont formés d'un mur double en polycarbonate et en acier galvanisé ondulé.

Dieses Projekt ist ein 228 m² großes Haus mit Studio für ein kinderloses Paar in einer ländlichen Gegend, das mit einem sehr niedrigen Budget (111.300 Euro) gebaut wurde. Die Architekten gingen von der Raum-in-Raum-Idee ähnlich einer „chinesischen Schachtel" aus: Dabei entwarfen sie einen 56 m² großen Baukörper mit WC und Küche im Erdgeschoss sowie einem Schlafzimmer und Bad im ersten Stock. Diese Schachtel wird künstlich klimatisiert und ist von einem natürlich belüfteten Pavillon umgeben. Der Pavillon wird hauptsächlich als Wohnzimmer und Malatelier genutzt, kann aber auch in einen Parkplatz umgewandelt werden, wenn es die klimatischen Bedingungen erfordern. Das Tragwerk ist eine Stahlkonstruktion aus wärmeisolierenden Metallplatten (SIPs), die von einer ebenfalls vorgefertigten Doppelwand aus Polycarbonat und verzinktem Wellblech umgeben ist.

The dwelling is situated in a typical north-central Texan site: a rural landscape where houses coexist with barns, cattle and fenced-off lots.

Cette maison est située dans un lieu typique du centre-nord du Texas, un paysage rural où les maisons cohabitent avec des entrepôts agricoles et des parcelles clôturées et enclos de bétail.

Das Haus steht an einem typischen Ort im mittleren Nordtexas, in einer ländlichen Umgebung, in der die Häuser neben Scheunen, umzäunten Grundstücken und Vieh stehen.

The design is bioclimatic: it has a metal casing that acts as thermal shield, and cross ventilation through the central pavilion. The spaces of the "Chinese Box" open up using sliding panels.

Il s'agit d'une construction bioclimatique. L'enveloppe en acier, qui sert d'écran thermique, est munie d'une aération croisée qui traverse la maison en son centre.

Das Haus ist bioklimatisch: Es besitzt eine Stahlhülle als Wärmeschutz und Querlüftung durch den Zentralpavillon. Die Räume der „chinesischen Schachtel" werden mit Schiebepaneelen geöffnet.

The "Chinese Box" has a Southern Yellow Pine plywood finish. The metal inside the prefabricated casing panels is coated in white enamel.

Les finitions extérieures de cette « maison gigogne » sont en contreplaqué de pin Southern Yellow. Les panneaux préfabriqués de l'intérieur sont revêtus d'émail blanc.

Die „chinesische Schachtel" wurde mit Furnier aus Southern Yellow Pine verkleidet. Innen sind die Fertigwände der Umhüllung weiß emailliert.

The west side is closed off by a blue glass façade. This same material is used on the south façade in front of a galvanized corrugated metal skin that also acts as a protective screen.

La façade ouest est dotée d'un vitrage bleuté. Ce même matériau est utilisé pour la façade sud, sur une couche d'acier galvanisé ondulé qui peut servir d'écran protecteur.

Die Westfassade schließt mit blau getöntem Glas ab. Das gleiche Material wird auf der Südfassade vor einer verzinkten Wellstahlhaut eingesetzt, die als Schutzschirm dient.

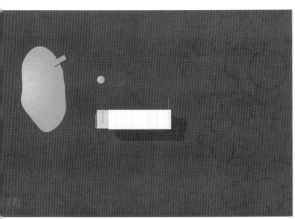

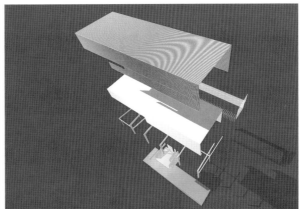

te plan Plan de situation Umgebungsplan   Exploded view Axonométrie de coupe Explosionsdarstellung

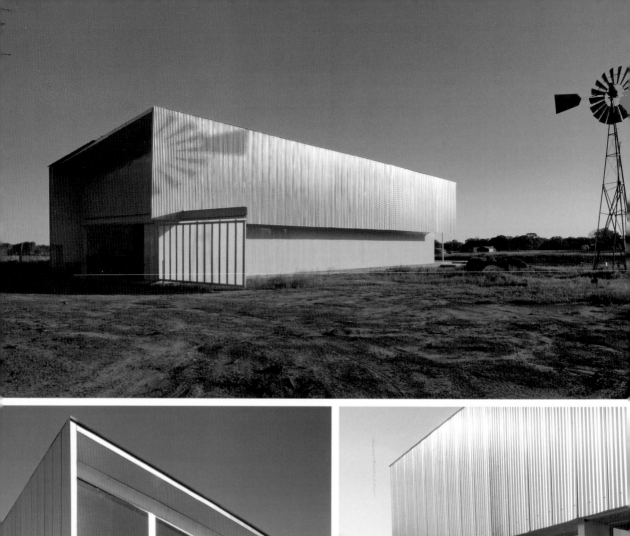

By day, the building is a simple box of metal and glass sitting in the landscape. At night, with the backlit polycarbonate panels the house seems to levitate.

De jour, le bâtiment se présente comme une simple boîte en métal et en verre dressée dans le paysage. La nuit, l'impression que la maison lévite au-dessus du terrain est due aux panneaux en polycarbonate rétro-illuminés.

Tagsüber ist das Gebäude ein einfacher Metall- und Glaskasten innerhalb der urwüchsigen Landschaft. Nachts scheint es mit seinen von innen beleuchteten Polycarbonatpaneelen auf dem Grundstück zu schweben.

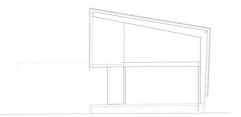

West elevation Élévation ouest Westlicher Aufriss

North elevation Élévation nord Nördlicher Aufriss

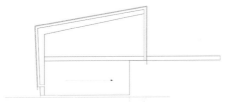

East elevation Élévation est Östlicher Aufriss

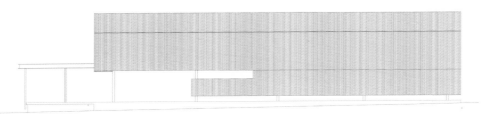

South elevation Élévation sud Südlicher Aufriss

☐ House S

Korteknie Stuhlmacher Architecten

This home, near Lyon, has a total floor space of 1851 sq. ft. and was designed for a family of five. The client, inspired by the lines of house no. 19 by the same architects, requested a similar design but customized to the topography and woody scenery of the site where it was to be built. He also proposed an ample kitchen and bookshelves. The main area on the first floor is a roomy double height living space with a clerestory; natural light washes the interior through foldaway French doors. The second floor is set on the perpendicular and cantilevers over the first floor. It has a roof terrace that is accessed from the bathroom. The exterior cladding and interior surfaces are made from timber. Laying the foundations on site lasted four weeks, the in-factory construction was completed in four days, and the fixtures, in six weeks.

Située près de Lyon, cette habitation de 172 m² a été réalisée pour un couple avec trois enfants. Le client a chargé les architectes de s'inspirer de la Maison n° 19 qu'il connaissait et construite par les mêmes concepteurs, mais en l'adaptant à la topographie du terrain et au cadre boisé. Il souhaitait par ailleurs une cuisine de grande dimension et un espace bibliothèque. Le volume principal du rez-de-chaussée est une grande salle de séjour haute de plafond, par laquelle on peut entrer de l'extérieur. Une fois les contrevents en accordéon ouverts, cet espace profite au maximum de la lumière du jour. La maison comprend un étage construit en porte-à-faux par rapport au rez-de-chaussée. On accède au toit en terrasse depuis la salle de bains. Le revêtement extérieur et les sols à l'intérieur sont en bois. Tandis que la cimentation s'effectuait sur quatre semaines, la construction en usine n'a pris que quatre jours et celle des finitions six semaines.

Dieses 172 m² große Gebäude in der Nähe von Lyon wurde für ein Paar mit drei Kindern errichtet. Der Kunde hatte sich von der Form des Hauses Nr. 19 der gleichen Architekten inspirieren lassen und bestellte ein daran angelehntes, aber an die Topografie und die baumreiche Umgebung des Standorts angepasstes Haus mit einer geräumigen Küche und Platz für eine Bücherwand. Den Hauptraum des Erdgeschosses bildet ein großer Saal mit doppelter Raumhöhe, der mit einem Oberlichtband abschließt. Das Tageslicht dringt auch durch die Klappfenster ein. Das Obergeschoss liegt quer auf dem Erdgeschoss und besitzt eine Dachterrasse, auf die man vom Badezimmer aus gelangt. Außenverkleidung und Innenflächen sind aus Holz. Die Errichtung des Fundaments an diesem Standort dauerte vier Wochen, die Bauarbeiten im Werk benötigten vier Tage und die endgültige Montage nahm sechs Wochen in Anspruch.

The house is built around a bonsai tree. Conserving the existing vegetation on the plot was a central design concept.

La maison est construite autour d'un petit arbre. Le concept devait observer la conservation des espèces végétales présentes sur le terrain.

Das Haus ist um einen Bonsai herum gebaut, da eine der Designvorgaben darin bestand, die am Standort vorhandenen Pflanzenarten zu erhalten.

The architects opted to use natural materials. The building structure is made from prefabricated wood panels.

Les architectes ont misé sur des matériaux naturels. La structure du bâtiment se compose de panneaux préfabriqués en bois.

Die Architekten setzten natürliche Baumaterialien ein, wie zum Beispiel bei der aus vorgefertigten Holzpaneelen bestehenden Gebäudestruktur.

The sliding glass doors and folding shutters are integrated into the wooden façade, giving the building a linear and monochromatic aspect.

Les baies vitrées coulissantes et les contrevents en accordéon sont intégrés à la façade en bois, ce qui confère à la partie externe du bâtiment un aspect linéaire et monochromatique.

Schiebetüren und Klappläden sind in die Holzfassade integriert, so dass das Gebäude von außen plan und einfarbig erscheint.

The outer wall and roof skin is made from deal laminate panels of between 3.34 and 11.4 in. thickness. The interior carpentry is larchwood colored with natural dye.

L'enveloppe extérieure est constituée de panneaux en bois de sapin laminé, de 85 à 289 mm d'épaisseur, utilisés pour les murs et le toit. Les finitions intérieures sont en bois de cèdre de couleur naturelle.

Die Außenhaut besteht aus Lamellen aus 85 bis 289 mm dickem Tannenholz, die an Mauern und Dach eingesetzt werden. Die Innenausführungen sind aus Lärchenholz mit natürlicher Einfärbung.

Site plan Plan de situation Umgebungsplan

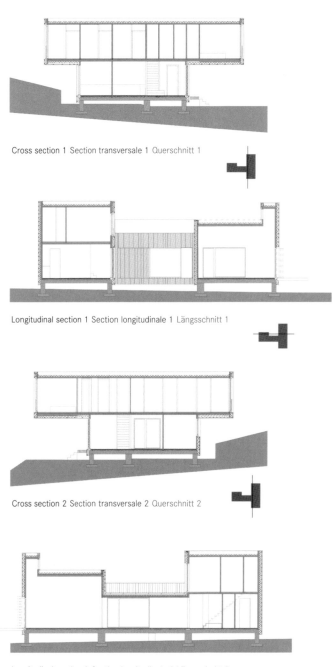

Cross section 1 Section transversale 1 Querschnitt 1

Longitudinal section 1 Section longitudinale 1 Längsschnitt 1

Cross section 2 Section transversale 2 Querschnitt 2

Longitudinal section 2 Section longitudinale 2 Längsschnitt 2

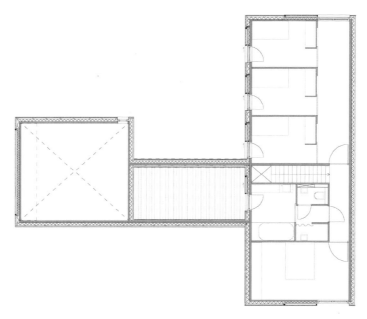

First floor Premier étage Erstes Obergeschoss

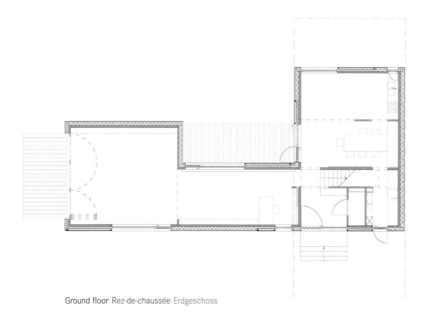

Ground floor Rez-de-chaussée Erdgeschoss

☐ Glidehouse

MKD–Michelle Kaufmann Designs

The Glidehouse forms part of a series of sustainably designed modular houses, ranging from one to four bedrooms. This dwelling consists of a 1561 sq. ft. space with three bedrooms and two bathrooms. In addition to being prefabricated, the house has a variety of green features, including a photovoltaic solar energy system, bamboo flooring, FSC-certified wood in the structure and finishes, and recycled glass tiles in the bathroom. The climate control comprises a mechanical ventilation system that is 30% more energy efficient than conventional ones. This dwelling was built in six weeks. Its main factory-built components are the frame structure, clerestory windows, cabinetry, glazed façade, and the exterior system of wooden sunshades.

Le Glidehouse, qui fait partie d'une série de maisons modulaires conçues dans l'esprit de la construction durable, dispose de une à quatre chambres à coucher. La maison présentée ici couvre une superficie de 145 m² ; elle comprend trois chambres à coucher et deux salles de bains. Outre son caractère préfabriqué, ce modèle présente diverses mesures respectueuses de l'environnement : un système d'énergie solaire photovoltaïque, l'utilisation de bois certifié FSC pour la structure et les finitions, des sols en bambou et un carrelage en verre recyclé dans la salle de bains. La climatisation est obtenue par une pompe à chaleur qui permet d'économiser 30 % d'énergie par rapport aux méthodes traditionnelles. Les principaux éléments préfabriqués, construite en six semaines, sont la structure du toit, les fenêtres à claire-voie, les armoires encastrées, la façade vitrée et le système de stores extérieurs en bois.

Das Glidehouse ist Teil einer Serie von Modulhäusern in nachhaltigem Design, die ein bis vier Schlafzimmer umfassen können. Bei diesem 145 m² großen Haus handelt es sich um ein Projekt mit drei Schlafzimmern und zwei Bädern. Für den Entwurf dieses Fertighausmodells wurden verschiedene ökologische Aspekte berücksichtigt. Es besitzt eine Fotovoltaikanlage, bei der Struktur und Ausführung wurde FSC-zertifiziertes Holz eingesetzt und im Bad wurden Bambusböden und Altglaskacheln verwendet. Die Klimatisierung erfolgt über eine Wärmepumpe, die gegenüber herkömmlichen Methoden 30 % Energie einspart. Die wichtigsten Fertigbauelemente des in nur sechs Wochen fertiggestellten Hauses sind die Dachstruktur, die Obergaden, die Einbauschränke, die verglaste Fassade und das äußere Holzjalousiesystem.

MKD's objective is to design and construct dwellings using green materials and techniques without renouncing advanced assembly technologies.

MKD conçoit et construit des maisons en utilisant des matériaux et des techniques durables, sans pour autant renoncer aux dernières technologies pour l'assemblage des éléments.

MKD hat das Ziel, Wohnhäuser unter Einsatz nachhaltiger Materialien und Techniken zu entwerfen und zu bauen, ohne dabei auf neueste Technologien beim Zusammenbau der einzelnen Elemente zu verzichten.

MKD's motto is "let the green in", which it manifests through using bioclimatic designs, ecological materials, and enhancing natural lighting.

« Let the green in » s'énonce la devise MKD. Le concepteur propose des maisons bioclimatiques très lumineuses et construites en matériaux écologiques.

MKDs Motto lautet „Let the green in". Dementsprechend werden die Räume unter Berücksichtigung bioklimatischer Gesichtspunkte entworfen und natürliche Belichtung sowie der Einsatz umweltfreundlicher Baustoffe gefördert.

Other green features include recycled paper countertops, low VOC-content finishes, formaldehyde-free furniture, and water-saving bathroom fixtures.

Les éléments écologiques sont le papier recyclé pour les plans de travail, les finitions à faible teneur en COV, les meubles sans formaldéhyde et les robinets à système d'économie d'eau.

Weitere „grüne" Vorgaben sind Recyclingpapier in den Arbeitsplatten, Ausführungen mit geringem VOC-Gehalt, formaldehydfreie Möbel und der Einsatz von Armaturen mit Wassersparsystemen.

Each Glidehouse is prefabricated in a controlled environment and then transported and set on the site foundations. This system generates less waste and significantly reduces construction schedules.

Chaque Glidehouse est préfabriquée dans un environnement contrôlé, transportée et montée sur les fondations de la construction. Ce système génère moins de résidus et réduit considérablement le temps de construction.

Jedes Glidehouse wird in kontrollierter Umgebung vorgefertigt, transportiert und auf dem Fundament vor Ort zusammengebaut. Durch dieses System entstehen weniger Abfälle und die Bauzeit wird deutlich reduziert.

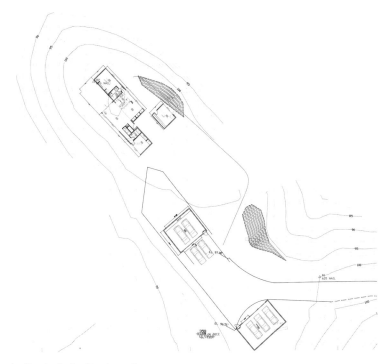

Site plan Plan de situation Umgebungsplan

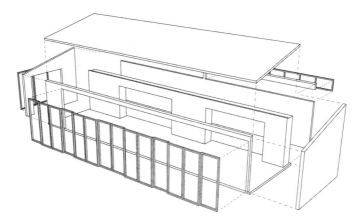

Factory production Production industrielle Industrielle Fertigung

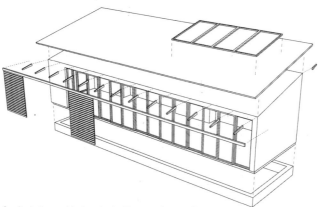

On site button up Montage in situ Zusammenbau vor Ort

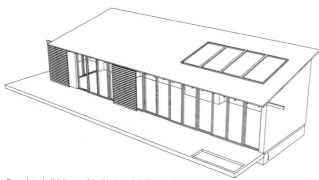

Completed glidehouse Modèle terminé Fertiges Modell

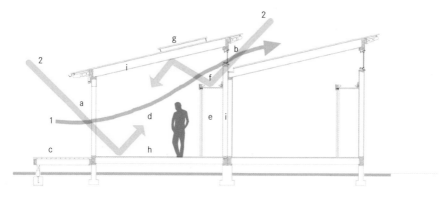

Bioclimatic section Coupe bioclimatique Bioklimatischer Schnitt

a. Sliding glass door wall Baie vitrée coulissante Glasschiebetüren
b. Clerestory windows Fenêtres à claire-voie Obergaden
c. Outdoor room Terrasse Terrasse
d. Indoor living Intérieur Innenbereich
e. Storage bar with shelving behind sliding wood doors Armoires avec étagères Schränke und Regale hinter Holzschiebetüren
f. Uplighting Éclairage indirect Indirekte Beleuchtung
g. Solar panels Panneaux solaires photovoltaïques Fotovoltaikpaneele
h. Bamboo flooring Revêtement en bambou Bambusboden
i. Energy-efficient insulation Isolant Energieeffiziente Isolierung
1. Cross-ventilation in all the main spaces Aération croisée Querlüftung
2. Balanced daylighting/indirect lighting Entrée de la lumière du jour Sonnenlichteinfall

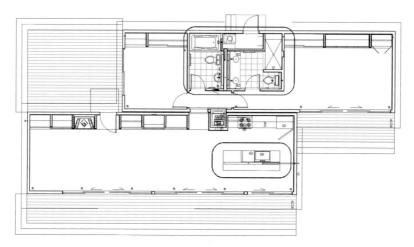

Plan Plan Grundriss

☐ House Braun-Dubuis

Atelier Werner Schmidt

This dwelling is a vacation home in the Swiss Alps. It has 861 sq. ft. of interior space plus a 377 sq. ft. terrace. The building is a cube supported by concrete foundations. The structure is made from bales of straw that were transported to the site for final assembly: a centuries-old traditional building technique that originated in the USA as a way of making the most of agricultural surpluses. The bales are manually tied together with plastic strips and once they are placed on the foundation walls and in the attic, the work is halted to allow the material to settle. The interior and exterior walls are whitewashed. The first floor is finished with natural flagstones and the roof is made of corrugated aluminum. The prefabricated parts include the wooden components (windows and doors), the kitchen, the bathroom, the flooring, and the straw bales for the structure. The dwelling was built in six months.

Il s'agit ici d'une maison de vacances située dans les Alpes suisses, dont l'intérieur couvre 80 m² et la terrasse 35 m². Ce type de bâtiment consiste en un cube soutenu par des fondations en béton. La structure se compose de bottes de paille assemblées sur place ; ce mode de construction centenaire créé aux États-Unis permettait jadis d'exploiter les excédents agricoles. Les balles placées sur les murs extérieurs et dans le grenier sont attachées manuellement à l'aide de sangles en plastique. On suspend la construction jusqu'au durcissement des matériaux. Les murs intérieurs et extérieurs ont été blanchis à la chaux. Le sol du rez-de-chaussée est revêtu de dalles en pierre naturelle et le toit est en aluminium ondulé. Les éléments préfabriqués sont les travaux de menuiserie (portes et fenêtres), la cuisine, la salle de bains, les sols, le toit et les bottes de paille pour la structure. La construction a été réalisée en six mois.

Dieses Projekt ist eine 80 m² große Ferienwohnung mit 35 m² großer Terrasse in den Schweizer Alpen. Der Gebäudetyp entspricht einem Würfel, der von einem Betonfundament getragen wird. Seine Struktur besteht aus Strohballen, die für ihren Endeinbau vor Ort gebracht wurden. Dabei handelt es sich um ein jahrhundertealtes Bausystem, das in den Vereinigten Staaten entstand, um landwirtschaftliche Überschüsse zu nutzen. Die Ballen werden per Hand mit Kunststoffbändern zusammengebunden. Nachdem sie an den Fundamentmauern und am Dachgeschoss angeordnet sind, wird der Bau unterbrochen, damit sich das Material setzen kann. Innen- und Außenmauern sind gekalkt. Der Boden des Erdgeschosses ist als Natursteinboden ausgeführt und das Dach besteht aus Wellaluminium. Vorgefertigt sind die Holzelemente (Türen und Fenster), Küche, Bad, Böden, Dach sowie die Strohballen für die Struktur. Der Bau dauerte sechs Monate.

The straw structures are earthquake- and storm-proof. This house used bales measuring approximately 102 in. long, 27 in. high and 49 in. wide.

Les structures en paille sont résistantes aux tremblements de terre et aux tempêtes. Cette construction est réalisée avec des balles de 260 cm de long, 70 cm de haut et 125 cm de large.

Strohstrukturen sind erdbeben- und sturmfest. In diesem Fall wurden 260 cm lange, 70 cm hohe und 125 cm breite Ballen verwendet.

The main components of the house are the concrete foundations and the structure of bales of straw for the two levels and the attic. Straw is also a natural insulator.

Les fondations en béton et la structure composée de bottes de paille pour les deux niveaux et le grenier sont les principaux éléments de la construction. La paille constitue un isolant naturel.

Die Hauptbauteile dieses Hauses sind das Betonfundament und die Strohballenstruktur für beide Stockwerke und den Dachboden. Das Stroh dient auch als natürliche Isolierung.

Building with straw is a centuries-old technique that achieves high energy efficiency.

La construction en paille est un système centenaire qui n'a plus à faire ses preuves en matière d'efficience énergétique.

Der Strohbau ist eine jahrhundertealte Bautechnik, mit der eine hohe Energieeffizienz erreicht wird.

The flooring on the second floor is made from a layer of straw bales, a 4-in. bed of concrete and finished with stone tiles.

Les sols de l'étage se composent d'une couche de balles de paille et d'une couche de béton de 10 cm d'épaisseur. La chape est revêtue de dalles en pierre.

Die Böden des ersten Stocks bestehen aus einer Strohballenschicht, 10 cm Betonunterlage und einem Steinplattenbelag.

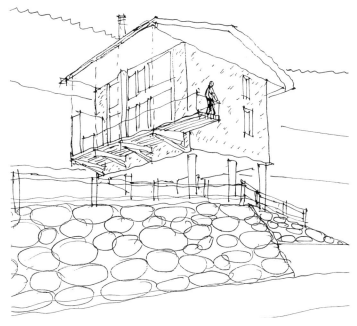

Sketch Esquisse Skizze

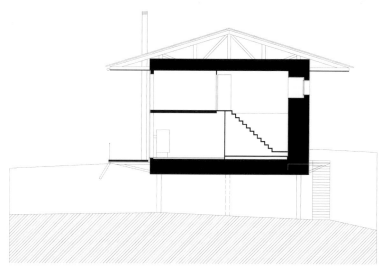

Section A-A Section A-A Schnitt A-A

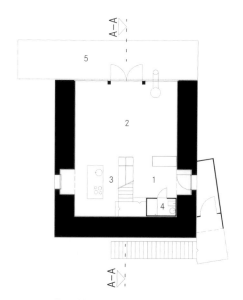

Ground floor Rez-de-chaussée Erdgeschoss

1. Hall Vestibule Diele
2. Living/dining Salle de séjour/salle à manger Wohn-/Esszimmer
3. Kitchen Cuisine Küche
4. Guest bathroom Salle des bains invités Gäste-WC

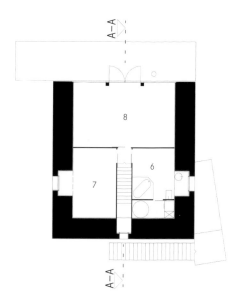

First floor Premier étage Erstes Obergeschoss

5. Balcony Balcon Balkon
6. Bathroom Salle de bains Bad
7. Room Chambre Zimmer
8. Bedroom Chambre à coucher Schlafzimmer

☐ Next House Collection Théa

Magnus Ståhl

Next House manufactures catalog-order prefabricated dwellings, for which it collaborates with different Swedish architects and various construction companies. The company's range includes four types of housing: XXS, S, M and L. This house was designed for a couple without children and falls into the L category. It has a total floor space of 1765 sq. ft. The building is rectangular; it has a living space with a chimney as well as a bathroom, a kitchen, and four bedrooms. Inhabitants also have different exterior spaces to enjoy, such as a wood walkway with a glassed screen to the rear of the dwelling, and a small open-air roof terrace, which is reached by exterior steps or from the bathroom. The house's main prefabricated parts are its pre-cut wood panels, the built-in closets and the service areas (kitchen and bathroom). Construction took a total of seven and a half months.

Next House, un promoteur d'habitations préfabriquées et vendues sur catalogue, travaille avec divers constructeurs et architectes suédois. Il offre quatre types différents de maisons. Cette habitation de type L, prévue pour un couple sans enfant, dispose d'une superficie de 164 m². Le corps rectangulaire du bâtiment abrite une salle de séjour avec cheminée, une salle de bains, une cuisine et quatre chambres. Son extension extérieure comprend une passerelle en bois dotée d'une balustrade entièrement vitrée à l'arrière de l'habitation et une petite terrasse située au même niveau que la toiture, à laquelle on accède par un escalier extérieur ou depuis la salle de bains. Les principaux éléments préfabriqués sont les panneaux en bois prédécoupé, les armoires encastrées et les espaces de service (cuisine et salle de bains). La construction a pris au total sept mois et demi.

Next House ist ein Bauunternehmen, das Fertighäuser per Katalog verkauft und für verschiedene schwedische Baufirmen und Architekten arbeitet. Es bietet Häuser in vier verschiedenen Ausführungen (XXS, S, M und L) an. Dieses Haus für ein kinderloses Paar gehört zur Bauweise L und ist 164 m² groß. Der Gebäudegrundriss ist rechteckig und umfasst ein Wohnzimmer mit Kamin, ein Bad, eine Küche und vier Zimmer. Die Besitzer verfügen außerdem über verschiedene Außenbereiche wie z. B. einen Holzsteg mit komplett verglaster Brüstung auf der Hausrückseite und eine kleine Terrasse im Freien auf Dachhöhe, auf die man über eine Außentreppe oder vom Bad aus gelangt. Die wichtigsten Fertigelemente sind die zugeschnittenen Holzpaneele, die Einbauschränke und der Servicebereich (Küche und Bad). Der Bau dauerte insgesamt siebeneinhalb Monate.

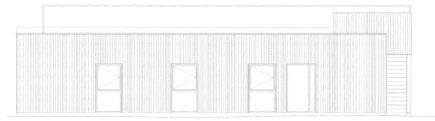

Northeast elevation Élévation nord-est Nordöstlicher Aufriss

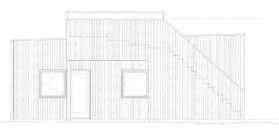

Northwest elevation Élévation nord-ouest Nordwestlicher Aufriss

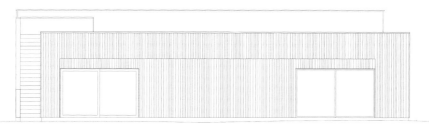

Southwest elevation Élévation sud-ouest Südwestlicher Aufriss

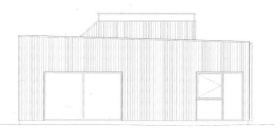

Southeast elevation Élévation sud-est Südöstlicher Aufriss

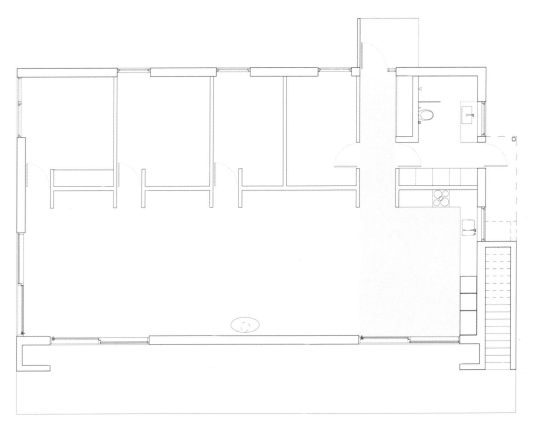

Plan Plan Grundriss

☐ X House

Arquitectura X

This house, designed without a precise location in mind, was finally positioned on a 4090 sq. ft. lot in Tumbaco Valley. The architects found their inspiration in the spatial work of the US artist Donald Judd, envisioning a box-shaped volume that could be sited either in the eastern or western ranges of the Andes. Other core design concepts included incorporating a patio, as an essential element in the local architecture, and exploring the possibilities of designing a prototypical glass house for the temperate climate found in that region. The building consists of a light rectangular box structure set on a concrete plinth, wrapped in stainless steel and lined with plywood paneling. The service and transit spaces are defined within a closed polycarbonate white volume that metaphorically represents the patio concept so intrinsic to the design.

Cette habitation, sans encore d'emplacement définitif lors de sa conception, a été construite sur un terrain de 380 m² dans la vallée de Tumbaco. Les architectes, qui ont trouvé leur source d'inspiration dans le travail avec les espaces de l'artiste américain Donald Judd, ont créé un volume en forme de boîte pouvant être installé à l'est ou à l'ouest de la Cordillère des Andes. Leur concept devait permettre l'intégration d'un patio, élément essentiel de l'architecture locale. Il s'agissait de pouvoir réaliser un cube en verre prototypique dans une région à climat modéré. Le bâtiment fini se compose d'une structure légère qui repose sur un socle en béton, autour de laquelle a été monté un cube rectangulaire revêtu d'acier inoxydable et de contreplaqué. Les espaces utilitaires et servant de passage sont aménagés autour d'un volume blanc fermé en polycarbonate, en au patio mentionné dans le concept.

Dieses Haus, für das beim Entwurf noch kein Standort feststand, steht auf einem 380 m² großen Grundstück im Tumbaco-Tal. Die Architekten, die von der räumlichen Arbeit des US-amerikanischen Künstlers Donald Judd inspiriert worden waren, gingen von der Idee eines Gebäudes in Kastenform aus, das in den Bergketten östlich oder westlich der Anden erbaut werden könnte. Weitere Vorgaben waren die Aufnahme eines Patios als Grundelement lokaler Architektur und die Untersuchung der Möglichkeiten eines Glaskastenprototyps im milden Klima dieser Gegend. Das Gebäude besteht aus einem leichten Gerüst auf einem Betonsockel, auf dem der rechteckige, oxidierte und innen furnierte Stahlkasten aufgebaut wird. Die Nutz- und Verkehrsflächen sind um ein weißes, geschlossenes Polycarbonatvolumen herum angeordnet, das metaphorisch den Innenhof darstellt, auf den sich der Entwurf bezieht.

This dwelling has a flexible program. It is also easy to transport to another site as the prefabricated construction system can adapt to the central concepts of a generic layout.

Cette maison présente une grande flexibilité quant à son agencement et à son emplacement. Grâce au système de construction préfabriqué, le schéma de base est apte à répondre à diverses conditions posées aux concepteurs.

Dieses Haus ist hinsichtlich Raumprogramm und Standort flexibel, da sich das Fertigbausystem an die grundlegenden Vorgaben eines allgemeinen Schemas anpassen kann.

The house is made from industrial materials such as steel, plywood and polycarbonate. The steel structure is made of prefabricated 20-ft.-long rectangular sections.

La maison est constituée de matériaux industriels tels que l'acier, le contreplaqué et le polycarbonate. La structure en acier se compose de sections rectangulaires préfabriquées de 6 m de long.

Bei diesem Haus wurden industrielle Werkstoffe wie Stahl, Holzfurnier und Polycarbonat eingesetzt. Die Stahlstruktur wird von 6 m langen rechteckigen Fertigteilen gebildet.

The steel walls were bought in standard sizes and subsequently mounted in situ onto the structure. The plywood was cut to size in the factory and then screwed onto the structure.

La fixation des murs en acier, de dimension standard, de cette structure a été effectuée sur les lieux. Le contreplaqué a été coupé en usine et vissé à la structure.

Die Stahlwände wurden in Standardgröße gekauft und anschließend vor Ort in das Grundgerüst eingebaut. Das Furnier wurde im Werk geschnitten und mit der Struktur verschraubt.

The patio separates the public and private spaces. The service and transit spaces are added as a plug-in to the patio if the final site chosen is suitable.

Le patio sert à séparer les espaces privés des zones conviviales. Les espaces de service et de passage allaient être ajoutés tel un *plug-in* à ce patio en fonction de l'emplacement final.

Der Innenhof dient dazu, private von gemeinschaftlichen Bereichen zu trennen. Nutz- und Verkehrsflächen müssen diesem Innenhof, passend zum endgültigen Standort, wie ein „Plug-in" hinzugefügt werden.

The glass box creates a sensation of unlimited interior-to-exterior space, while the polycarbonate patio spatially delimits the different interior areas.

Il émane de cette boîte en verre une impression d'espace illimité de l'intérieur vers l'extérieur. Le patio en polycarbonate délimite les différentes zones intérieures.

Der Glaskasten erweckt den Eindruck eines von innen nach außen reichenden, endlosen Raums, während der Innenhof aus Polycarbonat zur Abgrenzung der verschiedenen Innenbereiche dient.

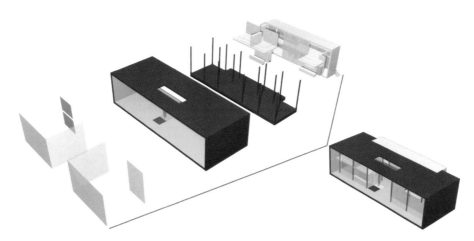

Deconstructed axonometric view Axonométrie de coupe Zerlegte Axonometrie

East elevation Élévation est Östlicher Aufriss

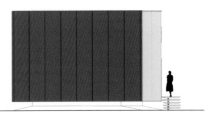

North elevation Élévation nord Nördlicher Aufriss

West elevation Élévation ouest Westlicher Aufriss

South elevation Élévation sud Südlicher Aufriss

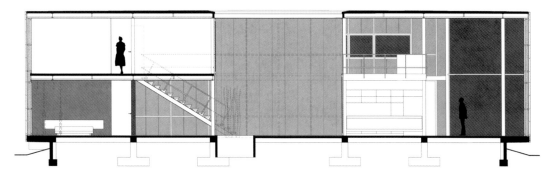

Longitudinal section Section longitudinale Längsschnitt

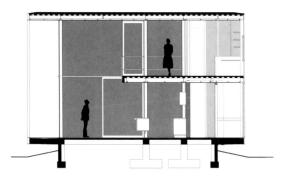

Cross section 1 Section transversale 1 Querschnitt 1

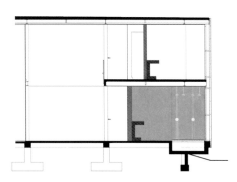

Cross section 2 Section transversale 2 Querschnitt 2

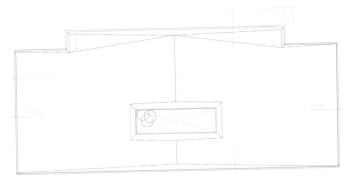

Roof plan Plan du toit Dachgeschoss

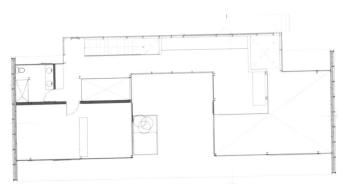

First floor Premier étage Erstes Obergeschoss

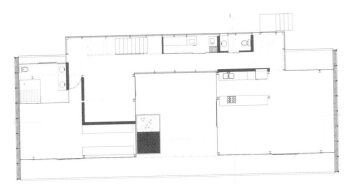

Ground floor Rez-de-chaussée Erdgeschoss

The partitions are made from polycarbonate and sandblasted glass. The box is floored with plywood and the prefabricated patio has a white polished cement floor.

es cloisons de séparation sont en polycarbonate et en verre sablé. La boîte est dotée d'un revêtement en contreplaqué. Les finitions du patio préfabriqué sont en éton poli blanc.

Die Trennwände sind aus Polycarbonat und sandgestrahltem Glas. Die Böden im Inneren sind Furnierböden, während die des Innenhofs aus weiß poliertem Beton bestehen.

☐ **Modular 4**

Studio 804

This single-story family dwelling with basement comes with one to three bedrooms and two bathrooms. It has a total floor space of 1496 sq. ft. Its modular furniture gives versatility in its organization to meet differing needs of owners. The only interior walls, with a linear configuration, are those defining the bathrooms, kitchen and services core. The house is constructed using many recycled and eco-efficient materials, including reused aluminum in the foundation walls, waste from recycled timber in the concrete of the stairwells leading down to the basement, recycled steel in the outdoor decking and ash from incineration processes in all concrete components. The outer façade is clad with Brazilian teak wooden slats. The construction phase of this model took three months.

Cette habitation, conçue pour une famille, est constituée d'un volume d'un seul niveau posé sur un sous-sol. Elle dispose de une à trois chambres à coucher et de deux salles de bains. Sa superficie totale s'élève à 139 m². L'utilisation de mobilier modulaire permet un agencement plus flexible de l'espace, selon les besoins des propriétaires. Dans cette habitation toute en longueur, seuls les salles de bains, la cuisine et l'espace de service sont cloisonnés. Pour cette maison, on a utilisé de nombreux éléments et matériaux recyclés et écologiques : aluminium pour les murs de fondation, résidus de bois pour le béton de l'escalier menant au sous-sol, acier pour les plates-formes extérieures et cendres provenant d'un procédé d'incinération pour tout le béton. Le revêtement de la façade extérieure se compose de lames en bois de cumaru. La construction de ce modèle a duré trois mois.

Dieses Haus, das für eine Familie entworfen wurde, besteht nur aus Erdgeschoss und Untergeschoss. Es bietet die Wahl zwischen einem bis drei Schlafzimmern und zwei Bädern. Insgesamt ist es 139 m² groß. Durch den Einsatz von Modulmöbeln können die Räume individuell den Bedürfnissen des Besitzers angepasst werden. Die einzigen linear angeordneten Innenmauern entsprechen den Abgrenzungen zwischen Bad, Küche und Servicebereich. Das Haus enthält in seinem Aufbau eine Vielzahl recycelter und ökoeffizienter Bauteile: wiederverwendetes Aluminium in den Fundamentmauern, Recyclingholzreste im Beton der Treppen, die in das Untergeschoss führen, Recyclingstahl in den Außenplattformen und Asche im gesamten eingesetzten Beton. Die Verkleidung der Außenfassaden erfolgte mit Leisten aus Cumaru-Holz. Die Bauzeit dieses Modells betrug drei Monate.

The house features a StabiliGrid rainwater drainage system that enables water to permeate into the ground using 100% polythene drainage conduits.

La maison incorpore un système StabiliGrid de drainage de l'eau de pluie, qui dirige l'eau dans le sol ; les conduits d'évacuation sont en polyéthylène.

Im Haus ist ein StabiliGrid-System zur Regenwasserableitung eingebaut, welches die Perkolation in die Erde ermöglicht. Die Abwasserleitungen sind aus 100 % Polyäthylen.

The façade is covered with Brazilian-teak wooden slats sealed with an organic polymer. Recycled aluminum panels were used for the exterior shutters.

Les façades sont revêtues de lames en bois de cumaru, fixées suivant une méthode écologique. Des panneaux en aluminium recyclé ont été utilisés pour les contrevents extérieurs.

Die Fassaden sind mit Leisten aus Cumaru-Holz verkleidet, das mit einem umweltfreundlichen Polymer versiegelt wurde. Für die Fensterläden wurden Paneele aus recyceltem Aluminium verwendet.

The EPDM roofing membrane means solar gain is 50% lower than when using conventional EPDM. The plaster used for the drywall contains 95% recycled paper.

Le revêtement du toit avec des lames en EPDM représente une récupération d'énergie solaire de 50 % supérieure à l'EPDM conventionnel. Le plâtre utilisé pour la cloison sèche contient 95 % de papier recyclé.

Die Dachverkleidung mit EPDM-Folien bedeutet 50 % weniger Erwärmung als mit herkömmlichem EPDM. Der für die Trockenmauer eingesetzte Gips enthält 95 % Altpapier.

Part of the formwork used in the foundations was later used to construct the garage. The wall and ceiling insulation is made from cellulose fiber from old newspapers.

Une partie du coffrage employé pour les fondations a été utilisée a posteriori pour la construction du garage. L'isolation des murs et des plafonds est réalisée à partir de fibre de cellulose provenant de vieux journaux.

Ein Teil der Fundamentverschalung wurde später für den Garagenbau verwendet. Wand- und Dachisolierung bestehen aus den Zellulosefasern alter Zeitungen.

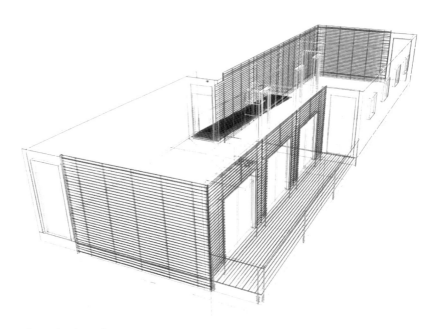

Perspective diagram Diagramme en perspective Perspektive

he layout of the openings enhances cross ventilation. The south-facing glass façade, comprising three sliding doors, optimizes passive solar gain in winter.

a disposition des ouvertures facilite l'aération croisée. La façade vitrée côté sud, composée de trois portes coulissantes, optimise le gain d'énergie solaire assive durant l'hiver.

ie Anordnung der Öffnungen erleichtert die Querlüftung. Durch die verglaste Südfassade mit ihren drei Schiebetüren wird der passive Solargewinn im Winter erhöht.

Site plan Plan de situation Umgebungsplan

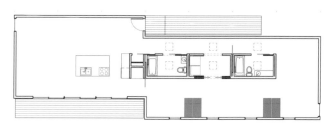

A-Plan Plan-A Grundriss-A

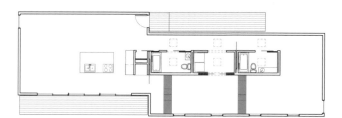

B-Plan Plan-B Grundriss-B

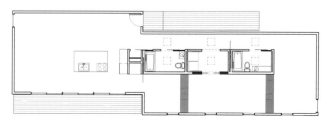

C-Plan Plan-C Grundriss-C

☐ **Black Box**

Matthias R Schmalohr

This 2260 sq. ft. two-story house with basement is situated on a lot with a total area of 7233 sq. ft. The design concept was centered around creating a box on a concrete plinth, and taking advantage of the sloping landscape to expose a part of the basement. The combination of two such different bodies, the heavy concrete base and the light prefabricated box above, achieves an interesting contrast. The spaces were designed on three levels: the entrance way and wine cellar in the basement; the living room, studio, washroom and a multiuse space on the first floor, and two bedrooms and the bathroom on the second floor. Sliding floor-to-ceiling screens enable the interior volume to be organized in a versatile manner. The construction of the prefabricated parts lasted three weeks: two in the factory and one on the site itself. The box was dry mounted and its total cost was less than a standard conventionally constructed house.

Cette habitation de 210 m² à deux niveaux et dotée d'un sous-sol a été construite sur une parcelle de 672 m². Pour la forme, le concept prévoyait une boîte placée sur un socle en béton et qui suivrait la pente du terrain, ce qui laissait une partie de la cave visible. La combinaison de deux éléments différents, à savoir la lourde base en béton et la légère boîte en bois préfabriquée au-dessus, crée un contraste intéressant. Les espaces sont répartis sur trois étages : entrée et cave au sous-sol ; cuisine, salle de séjour, salle à manger, studio, toilettes et salle multifonctionnelle au rez-de-chaussée, puis deux chambres à coucher et une salle de bains à l'étage. L'utilisation de cloisons coulissantes permet une organisation flexible des espaces intérieurs. La construction d'éléments préfabriqués a été réalisée en trois semaines, deux en usine et une sur le terrain. Le coût de la boîte montée à sec était inférieur à celui d'une maison de construction conventionnelle.

Dieses 210 m² große, zweistöckige Haus auf einem Sockelgeschoss befindet sich auf einem 672 m² großen Grundstück. Das formale Konzept zielte darauf ab, einen Kasten auf einen Betonsockel zu stellen und die Geländeneigung zu nutzen, um einen Teil des Untergeschosses sichtbar zu lassen. Die Kombination des schweren Betonunterbaus mit dem leichten Holzfertigbaukasten darauf, schafft einen interessanten Kontrast. Die Räume sind auf drei Etagen verteilt: Eingang und Keller im Untergeschoss, Küche, Wohnzimmer, Esszimmer, Studio, WC und Mehrzweckraum im Geschoss darüber sowie zwei Schlafzimmer und ein Bad im Obergeschoss. Der Einsatz von Schiebewänden ermöglicht eine flexible Einteilung der Innenbereiche. Die Herstellung der Fertigbauteile erfolgte in drei Wochen, zwei Wochen in der Fabrik und eine Woche vor Ort. Der Kasten wurde trocken montiert, und die Gesamtkosten waren niedriger als die eines auf herkömmliche Art gebauten Standardhauses.

Prefabricated systems typically require a longer design phase, but in return this is offset by greater accuracy during construction.

Si la phase de conception des systèmes préfabriqués est généralement longue, en revanche les travaux de construction gagnent en précision.

Der Fertigbau bietet höhere Flexibilität in den Formen der Holzelemente als im konservativen Holzbau mit vorgegebenen Maßen.

The house is perched on a gentle slope. The uncovered part of the basement is made from exposed concrete.

La maison est bâtie sur une légère pente. La partie visible du sous-sol est en béton apparent.

Das Haus steht an einem leichten Hang. Der sichtbare Teil des Untergeschosses besteht aus Sichtbeton.

Prefabrication enables carpentry formats and shapes that are much more flexible than standard woodwork with set dimensions.

La préfabrication donne lieu à des formats et des profils de menuiserie beaucoup plus flexibles que ceux prescrits dans la construction classique.

Der Fertigbau ermöglicht, dass das Format und die Verkleidung von Türen oder Fenstern eine hohe Flexibilität aufweisen.

The prefabricated parts of the structural volume are the exterior timber structure and the waterproof plywood with inner cellulose insulation.

Les éléments préfabriqués comprennent la structure en bois à l'extérieur et le contreplaqué résistant à l'eau, avec isolant en cellulose à l'intérieur.

Bei dem Bau sind die Holzstruktur außen und das wasserfeste Furnier mit Zelluloseisolierung im Inneren die vorgefertigten Elemente.

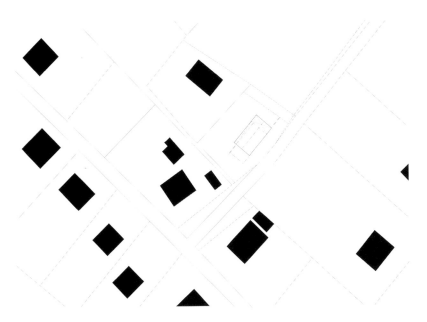

Site plan Plan de situation Umgebungsplan

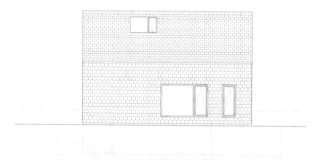

Southeast elevation Élévation sud-est Südöstlicher Aufriss

Northeast elevation Élévation nord-est Nordöstlicher Aufriss

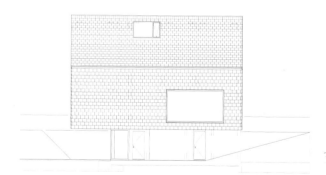

Northwest elevation Élévation nord-ouest Nordwestlicher Aufriss

Southwest elevation Élévation sud-ouest Südwestlicher Aufriss

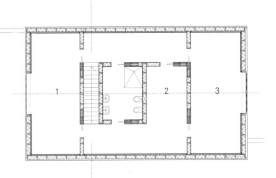

1. Bedroom Chambre à coucher Schlafzimmer
2. Closet Dressing Ankleideraum
3. Children's bedroom Chambre à coucher enfant Kinderschlafzimmer

First floor Premier étage Erstes Obergeschoss

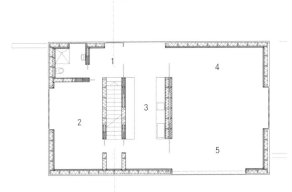

1. Hall Vestibule Diele
2. Library and office Bibliothèque et studio Bibliothek und Studio
3. Kitchen Cuisine Küche
4. Living room Salle de séjour Wohnzimmer
5. Dining room Salle à manger Esszimmer

Ground floor Rez-de-chaussée Erdgeschoss

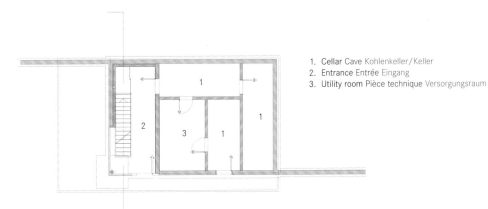

1. Cellar Cave Kohlenkeller/Keller
2. Entrance Entrée Eingang
3. Utility room Pièce technique Versorgungsraum

Basement Sous-sol Kellergeschoss

☐ R. R. House

Andrade Morettin Associated Architects

This summer residence, just a stone's throw away from the ocean, is located on the north coast of São Paulo state. Total size of the lot is 5382 sq. ft., of which 2368 sq. ft. is living space. The architects envisaged creating a large refuge in the form of a protective shell, under which the residents would live their daily domestic lives, sheltered from the strong sun and rains. Its bioclimatic design was created to enhance cross-ventilation. The structure is wooden, with a prefabricated timber roof 20 ft. above the ground. The lateral walls are made of steel finished with slats of expanded polystyrene (EPS) The two long façades open out to the exterior through pivoting fiber glass panels with PVC coating. These screens protect against insects and give great views of the ocean while facilitating natural ventilation.

Cette maison d'été est située sur la côte nord de l'État de São Paulo, à quelques mètres de l'océan. La parcelle fait 500 m² de superficie, dont 220 m² représentent la surface habitable. Le plan des architectes consistait en un grand espace en forme de carapace, dotée d'une protection contre le soleil intense et les pluies, qui abriterait la vie de la maison. Le concept bioclimatique impliquait une aération croisée. La structure en bois de la maison est coiffée d'un toit préfabriqué, également en bois, qui s'élève à 6 m de hauteur. Le bardage des parties latérales se compose d'acier et de plaques de polystyrène expansé (EPS). Les deux faces longitudinales s'ouvrent sur l'extérieur par des panneaux pivotants en fibre de verre revêtue de PVC. Ces écrans, qui protègent contre les insectes, permettent de profiter de la vue sur l'océan et facilitent l'aération naturelle.

Dieses Sommerhaus steht nur wenige Meter vom Meer entfernt an der Nordküste des brasilianischen Bundesstaates São Paulo. Das Grundstück ist 500 m² groß und die Gesamtwohnfläche beträgt 220 m². Die Architekten gingen von der Idee einer großen Hülle aus, in dem sich das häusliche Leben vor Sonne und Regen geschützt abspielen sollte. Das bioklimatische Design sollte zudem die Querlüftung fördern. Die hölzerne Struktur des Hauses wird auf 6 m Höhe von einem Fertigdach aus dem gleichen Material abgeschlossen. Die seitlichen Wände wurden aus Stahl mit expandierten Polystyrenplatten (EPS) errichtet. Die beiden Längsfassaden öffnen sich dank der drehbaren Wände aus Glasfaser mit PVC-Beschichtung nach außen hin. Sie bilden Schirme, die vor Insekten schützen, aber gleichzeitig den Blick aufs Meer freigegeben und eine natürliche Belüftung ermöglichen.

The structure stands 30 in. above the ground, supported on reinforced concrete pillars that are inserted into the site itself. All other parts were prefabricated and assembled in situ.

La structure, qui s'élève à 75 cm au-dessus du sol, est soutenue par des piliers en béton montés sur place. Tous les éléments en préfabriqués ont été assemblés in situ.

Die Struktur steht 75 cm über dem Boden und wird von Betonträgern getragen, die vor Ort montiert wurden. Alle weiteren Elemente sind Fertigbauteile und wurden vor Ort zusammengebaut.

The building system improves and reduces assembly time; dry mounting generates less waste and minimizes environmental impact.

Le système de construction utilisé améliore la qualité de l'assemblage et réduit son temps d'exécution ; le montage à sec génère moins de résidus et minimise l'impact environnemental négatif.

Das eingesetzte Bausystem perfektioniert den Zusammenbau und reduziert seine Dauer. Die Trockenmontage verursacht weniger Abfälle und minimiert die Umweltbelastungen.

The clients asked for a simple and sustainable home and the architects opted for a lightweight timber structure. The surrounding vegetation is lush and the climate is warm and wet.

Les clients souhaitaient une maison simple et durable. Pour répondre à leur désir, les architectes ont opté pour une structure légère en bois. La maison, entourée d'une végétation luxuriante, est située dans une région au climat chaud et humide.

Die Kunden hatten ein einfaches und nachhaltiges Haus in Auftrag gegeben, weshalb sich die Architekten für eine leichte Holzstruktur entschieden. Die Vegetation der Umgebung ist üppig und das Klima feuchtwarm.

The shell protects against the sun and rain while allowing cross ventilation. The design is underpinned by rationalizing and optimizing materials.

L'enveloppe sert de protection contre le soleil et la pluie. Elle est munie d'un système d'aération croisée. Ce concept permet de réduire le volume des matériaux nécessaires et accroît leurs propriétés respectives.

Die Hülle bietet Schutz vor Sonne und Regen und ermöglicht gleichzeitig die Querlüftung. Beim Design wurde auf Materialreduktion und den wirksamen Einsatz von Baumaterialien gesetzt.

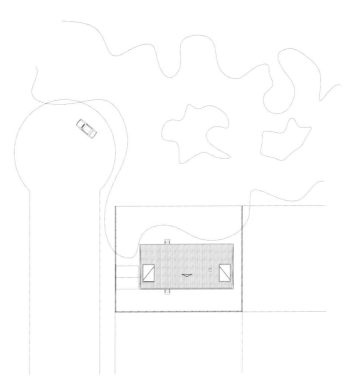

Site plan Plan de situation Umgebungsplan

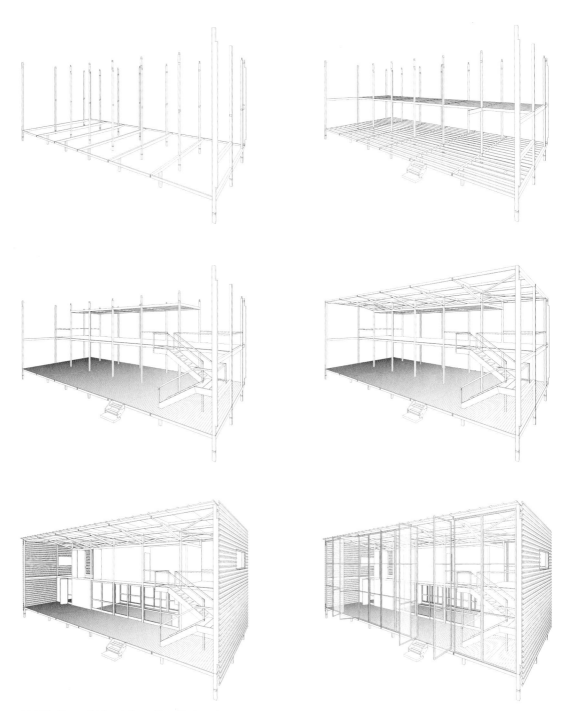

Assembly diagram Schéma de l'assemblage Montageschema

...e building's bioclimatic system uses passive energy systems that will reduce its CO_2 emissions during its useful lifetime.

...e système bioclimatique du bâtiment, basé sur l'énergie passive, garantit une faible émission de CO_2 au cours de la vie utile du bâtiment.

...e bioklimatische Funktionsweise des Hauses basiert auf passiven Energiesystemen, die während der gesamten Lebensdauer des Gebäudes ...r geringere CO_2-Emissionen sorgen.

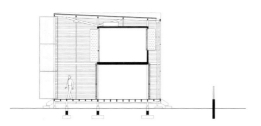

Cross section Section transversale Querschnitt

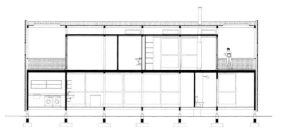

Longitudinal section Section longitudinale Längsschnitt

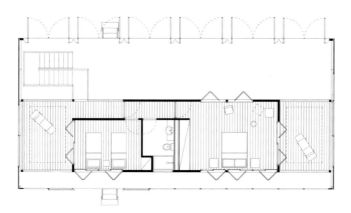

First floor Premier étage Erstes Obergeschoss

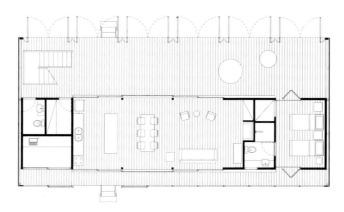

Ground floor Rez-de-chaussée Erdgeschoss

☐ House of huts

Studio NL-D

With a surface area of 4575 sq. ft. and a final budget of 330,000 euros, this dwelling had to meet the needs of a family of four. The project is structured around a main body, designed as the residence, with small secondary volumes in the garden: two home office units, a bathing conservatory and a sauna. Both the main body and the annexes were prefabricated. The hangar-like main body comprises an insulated stainless steel shell and an outer skin of sandwich panels incorporating a climate control system. This shell covers the different dwelling areas. The inner spaces are double height; the south-facing façade opens directly out onto the landscape through a glass façade, taking advantage of passive solar energy and visually connecting with the exterior spaces.

Cette maison d'une superficie de 425 m² et dont le coût total s'est élevé à 330 000 euros devait répondre aux besoins d'une famille de quatre personnes. Le concept s'appuie sur un corps de bâtiment principal utilisé comme résidence et de petits volumes auxiliaires aménagés dans le jardin : deux cabanes tenant lieu de bureau, une véranda permettant de prendre le soleil et un sauna. Le bâtiment principal, de même que les dépendances, sont des éléments préfabriqués. Le volume principal, en forme de hangar, se compose d'un habitacle en acier inoxydable pourvu d'une isolation thermique et revêtu de panneaux sandwich à système de climatisation. Les différentes pièces de la maison s'agencent sous cette armature. Les espaces intérieurs sont à deux niveaux. Entièrement ouverte sur le paysage par une immense baie vitrée, la façade sud favorise le contact visuel avec l'extérieur, de même qu'elle bénéficie de l'énergie solaire passive.

Dieses 425 m² große Haus mit einem Gesamtbudget von 330.000 Euro sollte dem Bedarf einer vierköpfigen Familie entsprechen. Das Projekt gliedert sich in einen Hauptkörper als Wohnhaus und einige kleine Nebenbauten im Garten auf: zwei Gebäude, die als Büro genutzt werden, einen Wintergarten zum Baden und eine Sauna. Das Hauptgebäude in Hangarform besteht wie auch die Nebengebäude aus Fertigbauteilen. Rostfreier Stahl bildet einen wärmeisolierten Panzer, und in die Sandwichpaneelverkleidung ist das Klimasystem bereits eingebaut. Unter dieser Hülle sind die verschiedenen Räume des Hauses angeordnet. Die Innenräume erstrecken sich auf zwei Ebenen. Die Südfassade öffnet sich dank ihrer Verglasung ganz zur Landschaft hin, so dass sie optisch mit dem Außenbereich verbunden wird und die passive Solarenergie nutzen kann.

The hangar-house comes with two units used as offices, a conservatory that can be used for bathing, a sauna, and a lookout unit that will be subsequently installed on the roof.

La maison hangar se compose de deux unités servant de bureau, d'une serre pouvant être aménagée en salle de bains, d'un sauna et d'un mirador, qui sera installé ultérieurement sur le toit.

Zum Hangarhaus gehören zwei Anbauten, in denen Büros untergebracht sind, ein Wintergarten, der als Baderaum verwendet werden kann, eine Sauna und ein Ausguck, der später auf dem Dach installiert wird.

The secondary buildings are sealed to the main volume with a polyester mold that connects the entrance to the pavilion and the roof lights with the wood cabin units and the conservatory.

L'assemblage des bâtiments auxiliaires au corps principal s'effectue à l'aide d'un moule en polyester qui relie l'entrée au pavillon et les lumières du toit aux cabanes en bois et à la serre.

Die Nebengebäude sind mit dem Hauptvolumen mittels einer Polyesterform verschweißt, die den Eingang zum Pavillon und die Dachlichter mit den Holzbauten und dem Wintergarten verbindet.

The use of a stainless steel shell enabled the foundations to be lighter than in typical brick or concrete structures.

L'utilisation d'acier inoxydable pour l'enveloppe rend la structure plus légère par rapport aux structures conventionnelles en brique ou en béton.

Der Einsatz von Edelstahl für die Außenhaut ermöglicht ein leichteres Fundament im Vergleich zu typischen Backstein- oder Betonstrukturen.

The button-up was carried out on-site by a small group of workers who installed the interior walls, doors, wooden floors, the kitchen and bathrooms.

La pose, sur le terrain, des cloisons intérieures, des portes, des sols en bois, de la cuisine et des salles de bains sur le terrain a été réalisée par un petit groupe d'ouvriers.

Der Bau wurde von einer kleinen Arbeitergruppe ausgeführt, die Innenwände, Türen, Holzböden, Küche und Bäder vor Ort installierten.

The architects consider a prefabricated solution as being a way of saving costs and shortening deadlines. From digging the foundations to button-up, a total of three months was needed.

Les architectes ont vu dans le préfabriqué la possibilité de réduire les coûts et les délais. Il n'a pas fallu plus de trois mois entre la réalisation des fondations et l'assemblage.

Für Architekten ist die Fertighauslösung eine Möglichkeit, Kosten zu sparen und die Bauzeit zu verkürzen. Von der Fundamenterstellung bis zum Zusammenbau waren drei Monate erforderlich.

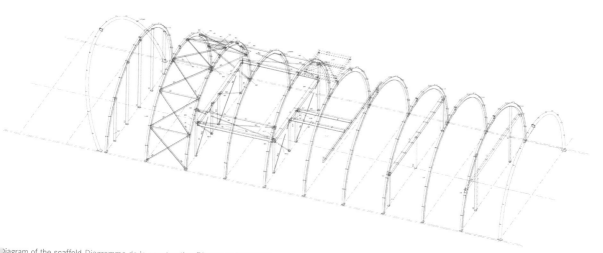

Diagram of the scaffold Diagramme de la construction Diagramm Bauskelett

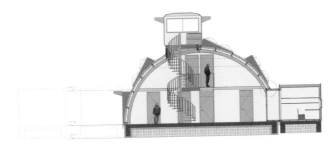

Sections Sections Schnitte

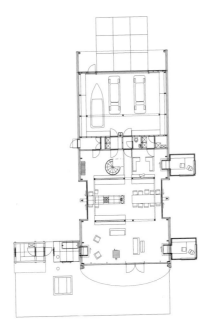

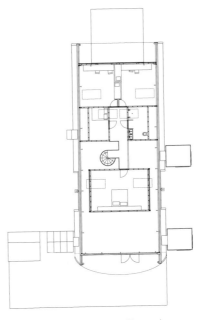

Ground floor Rez-de-chaussée Erdgeschoss

First floor Premier étage Erstes Obergeschoss

he in-floor climate control system and radiant wall use polyester pipes embedded in the hangar shell. These warm the interior spaces faster than other systems.

e système de climatisation au sol et au mur se compose de tuyaux en polyester intégrés dans l'enveloppe du hangar. On obtient un résultat plus rapide qu'avec autres systèmes.

ßboden- und Wandklimatisierung erfolgen über Polyesterrohre, die in die eigentliche Hangarhülle integriert sind und den Innenraum schneller als andere steme erwärmen.

☐ The Floating House

Ronan & Erwan Bouroullec

This barge floating on the banks of the Seine was designed as a studio to lodge artists invited to stay as guests of the French national contemporary art center for publications (CNEAI). The original idea first took shape in a public commission in 2006, but it did not become a reality until some four years later. The architects wanted to find a pragmatic and poetic answer to a thin budget. This floating house has a rectangular floor plan of 16.4 x 75.5 ft. and a total surface area of 1238 sq. ft.; of which two decks account for 248 sq. ft. The main component of the structure is a wooden frame covered by an aluminum roof. The spaces were designed for working and living, and are open and natural. From inside, we can contemplate the picturesque views that so inspired Renoir to paint his *Déjeuner des canotiers* in 1881.

Cette maison flottante située sur les rives de la Seine a été conçue pour être utilisée comme studio par des artistes invités par le CNEAI, Centre National de l'Estampe et de l'Art Imprimé. L'idée originale, surgie en 2002 lors d'une commission publique, ne fut réalisée que quatre ans plus tard. L'objectif des architectes consistait à trouver une solution à la fois pragmatique et poétique, à partir d'un budget limité. La maison se compose d'un niveau rectangulaire de 5 x 23 m d'une superficie totale de 115 m², dont 23 m² sont occupés par deux terrasses. Le principal élément du volume de construction consiste en un squelette en bois coiffé d'un toit en aluminium. Les espaces à vivre et de travail ne sont pas totalement cloisonnés, d'où leur transition fluide. Cette maison permet de profiter de vues pittoresques qui inspirèrent le tableau de Renoir *Déjeuner des canotiers* en 1881.

Das Hausboot am Seineufer wurde als Studio für Gastkünstler des CNEAI, des französischen Zentrums für Veröffentlichungen im Bereich zeitgenössischer Kunst, entworfen. Die ursprüngliche Idee entstand 2002 in einem öffentlichen Ausschuss, wurde aber erst vier Jahre später ausgeführt. Die Architekten beabsichtigten, auf der Grundlage eines geringen Budgets eine pragmatische und gleichzeitig poetische Lösung zu finden. Das Hausboot besitzt einen rechteckigen Grundriss von 5 x 23 m, das heißt es hat eine Fläche von insgesamt 115 m², von denen 23 m² von zwei Terrassen belegt sind. Das Hauptelement des Bauvolumens ist ein mit Aluminium verkleidetes Holzskelett. Die zum Leben und Arbeiten vorgesehenen Räume wurden offen gestaltet und bieten eine natürliche Optik. Von innen kann man den malerischen Ausblick, der Renoir 1881 zu seinem Gemälde *Déjeuner des canotiers* inspirierte, genießen.

Unlike many prefabricated models, this dwelling was transported to the anchor site first by truck and then by boat.

Contrairement à de nombreux préfabriqués, ce modèle a été transporté sur son lieu d'amarrage par camion, puis par cargo.

Im Unterschied zu vielen anderen Fertigmodellen erfolgte der Transport bis zur Anlegestelle zunächst mit dem LKW und dann mit einem Schleppschiff.

The construction of this barge-studio was commissioned by the CNEAI, and the architects Jean-Marie Finot and Denis Daversin participated in designing it.

La construction de ce studio-barque a été commandée par le CNEAI. Les architectes Jean-Marie Finot y Denis Daversin ont également participé à sa conception.

Der Bau dieses Studioschiffs erfolgte im Auftrag der CNEAI. Am Design haben sich auch die Architekten Jean-Marie Finot und Denis Daversin beteiligt.

This barge-studio was designed as a reproducible object: it can be redesigned with variations in its length and spatial organization. Its width is determined by the width of the canals.

Ce studio-barque a été conçu comme un objet pouvant être reproduit suivant d'autres dimensions et organisation spatiale différente. Sa largeur dépend de celle des canaux.

Das Studioschiff wurde als nachbaubares Objekt entworfen, es sollte in unterschiedlichen Längen und Raumaufteilungen hergestellt werden. Die Breite ist durch die Kanalbreite festgelegt.

Creepers have been planted on the decks to cover the walls and ceiling as they grow. These are used to achieve greater integration with the exterior landscape, and greater privacy indoors.

Les plantes grimpantes disposées sur les terrasses habilleront plus tard les murs et le toit. Cette solution vise à intégrer au maximum la maison dans le paysage environnant et à rendre les espaces intérieurs plus intimes.

Auf den Terrassen wurden Rankpflanzen gesetzt, um Wände und Dach zu begrünen. Dadurch sollen eine stärkere Integration in die Außenlandschaft und mehr Privatsphäre im Innenbereich erreicht werden.

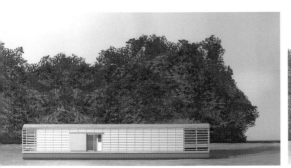

Front view Vue frontale Vorderansicht

Rear view Vue arrière Hinteransicht

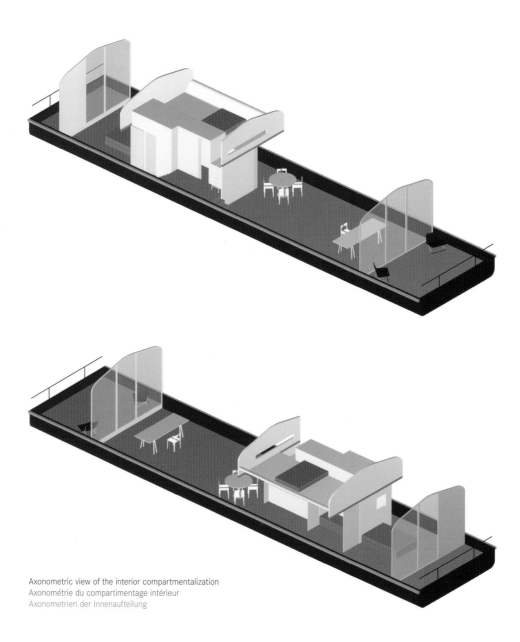

Axonometric view of the interior compartmentalization
Axonométrie du compartimentage intérieur
Axonometrien der Innenaufteilung

☐ Cape House

Resolution: 4 Architecture

This house sits overlooking Salt Pond Bay in the Atlantic Ocean. It has a total area of 2777 sq. ft. spread among four bedrooms, three bathrooms, a powder room, kitchen, living room, multimedia room, rooftop solarium, and an outdoor terrace. The dwelling was constructed over existing 49 x 29 ft. foundations following a carved box program. The birch-clad shell has an entrance way inset as though it were sculpted from the very box itself. The rectangular floor plan has a 6 ft. 6 in. square plug-in providing exterior spaces, such as the terrace adjoining the living room on the second floor and the balcony on the west-facing façade. The main prefabricated parts are the wood panel covering, the windows, the bamboo flooring and the modular furniture. The construction period consisted of three weeks in the factory and four months on site.

Cette habitation, située face à la baie de Salt Pond dans l'océan Atlantique, représente une superficie de 258 m² répartis entre quatre chambres à coucher, trois salles de bains, des toilettes, une cuisine, une salle de séjour, une salle multimédia, un solarium sur le toit et une terrasse. Elle a été construite sur des fondations de 15 x 9 m déjà existantes, en forme de boîte sculptée. L'enveloppe, dont l'entrée est en retrait comme creusée dans le corps, est revêtue de bois de cèdre. L'étage rectangulaire comprend des extensions de 2 x 2 m : une terrasse attenante à la salle de séjour aménagée à l'étage et le balcon situé sur la face ouest. Les principaux éléments préfabriqués sont le revêtement en panneaux en bois, les fenêtres, les sols en bambou et le mobilier modulaire. La construction a pris trois mois en usine et quatre mois sur le terrain.

Dieses Haus mit 258 m² Fläche steht gegenüber der Salt Pond Bay am Atlantik. Es umfasst vier Schlafzimmer, drei Bäder, ein WC, eine Küche, ein Wohnzimmer, einen Multimedia-Raum, eine Dachterrasse sowie eine Außenterrasse und wurde auf einem bereits vorhandenen 15 x 9 m großen Fundament erbaut. Der zurücktretende Eingangsbereich wirkt wie in die Außenfassade, die mit Zedernholz verkleidet ist, hineingeschnitzt. Der rechteckige Grundriss verfügt über 2 x 2 m große Anbauten zur Schaffung von Außenbereichen, wie die an das Wohnzimmer im ersten Stock angrenzende Terrasse und den Balkon an der Westfassade. Die wichtigsten vorgefertigten Teile sind die Verkleidung mit Holzpaneelen, die Fenster, die Bambusböden und die modularen Möbel. Für den Bau waren drei Wochen im Werk und vier Monate vor Ort erforderlich.

The prefabricated elements were transported by road, as is customary for most prefabricated buildings.

Comme cela est courant pour les constructions préfabriquées, le transport a été effectué par voie terrestre.

Wie bei den meisten Fertighäusern üblich, wurden die Fertigbauteile auf der Straße transportiert.

The roof has a chimney and great views. The dwelling also has a veranda with insect screens on the east façade.

Le toit, duquel sortent des cheminées, offre de jolies vues sur le paysage. Sur la face, il y a également une véranda qui est protégée par des moustiquaires.

Auf dem Dach, von dem man eine herrliche Aussicht hat, gibt es einen Kamin. Zum Haus gehört auch eine mit Mückengittern abgeschlossene Veranda auch eine mit Mückengittern abgeschlossene Veranda.

The floor plan is rectangular and split-level. All the rooms have openings to the exterior.

L'étage rectangulaire est agencé sur deux niveaux. Toutes les chambres présentent de belles ouvertures sur l'extérieur.

Der Grundriss ist rechteckig und erstreckt sich auf zwei Etagen. Alle Zimmer sind nach außen hin geöffnet.

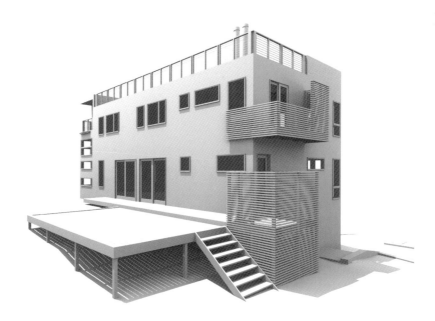

Northwest perspective view
Vue nord-est en perspective
Perspektive der Nordwestansicht

West elevation Élévation ouest Westlicher Aufriss

South elevation Élévation sud Südlicher Aufriss

East elevation Élévation est Östlicher Aufriss

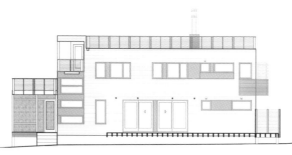

North elevation Élévation nord Nördlicher Aufriss

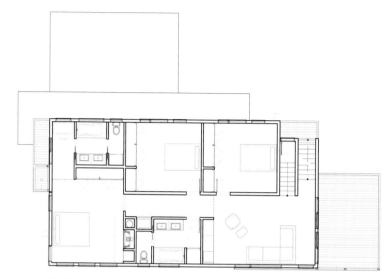

First floor Premier étage Erstes Obergeschoss

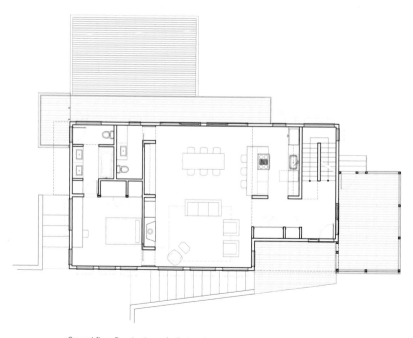

Ground floor Rez-de-chaussée Erdgeschoss

☐ Loblolly House

KieranTimberlake Associates

Loblolly House nestles in a grove of loblolly pines close to Chesapeake Bay. Braced by timber piles and with a cedar clad façade, the dwelling has been very respectfully inserted into the landscape. Covering an area of 1798 sq. ft., the house has a rectangular floor plan and two stories plus a ground floor, used for parking. The structural elements were completely prefabricated and then assembled in situ in just six weeks. The key components of the house are its aluminum structure, fiber-cement panels, wooden cladding, aluminum-framed hangar doors, and interior finishes made of birch plywood paneling. All the parts in the kit can be assembled with a wrench, meaning the dwelling is easily disassembled and reassembled in another location, and that its parts can be recycled in another structure.

La maison Loblolly est située dans une forêt de pins taeda, tout près de la baie de Chesapeake. Son implantation respecte parfaitement le terrain étant donné qu'elle est soutenue par des piliers en bois et que sa façade est revêtue de bois de cèdre. La maison, d'une superficie de 167 m², se compose d'un espace rectangulaire réparti sur deux niveaux, auquel s'ajoute un étage inférieur utilisé comme garage. Le volume aménagé est entièrement constitué d'éléments préfabriqués, assemblés en seulement six semaines. La structure en aluminium, les plaques de fibrociment, le revêtement en bois, les portes de polycarbonate style hangar, au profil en aluminium, et les finitions intérieures en contreplaqué de bouleau représentent les principaux éléments de cette habitation. Tous les éléments de cette maison peuvent être serrés à l'aide d'une clef anglaise, ce qui permet de démonter l'habitation et de l'installer en un autre endroit, ou de réutiliser ses composants dans une autre construction.

Das Loblolly-Haus steht in einem kleinen Weihrauchkiefernhain in der Nähe der Chesapeake Bay. Da es auf einem Holzgerüst steht und die Fassade mit Zedernholz verkleidet ist, fügt es sich harmonisch in die Umgebung ein. Das 167 m² große Haus besitzt einen rechteckigen Grundriss mit zwei Etagen. Das Erdgeschoss darunter wird nur als Parkplatz genutzt. Das Gebäude besteht komplett aus Fertigbauteilen, die in nur sechs Wochen vor Ort zusammengesetzt wurden. Die wichtigsten Bauteile dabei sind die Aluminiumstruktur, Faserzementpaneele, die Holzverkleidung, Polycarbonatpaneele mit Aluminiumprofil und die Innenausführung aus Birkenfurnier. Da alle Elemente dieses Hauses mit einem Rollgabelschlüssel montiert werden können, kann es auf einfache Art abgebaut und an einem anderen Ort wieder aufgestellt werden, oder die Bauteile können für ein anderes Gebäude wieder verwendet werden.

The flooring and the prefabricated roof panels incorporate a radiant floor heating system, hot- and cold-water piping, wastewater piping, air vents and electrical conduits.

Le chauffage par sol radiant, les conduits d'eau chaude, d'eau froide, d'eaux usées, d'air conditionné et d'électricité ont été incorporés au revêtement et aux panneaux recouvrant le toit.

In den Böden und Verkleidungspaneelen sind Fußbodenheizung, Warm- und Kaltwasser-, Abwasser-, Belüftungs- und Stromleitungen eingebaut.

The core containing the bathroom and the utility room was completely built in the factory.

La salle de bains et la pièce réservée aux installations ont été construites entièrement en usine.

Der Kernbereich mit dem Bad und den Installationen wurde komplett im Werk hergestellt.

The building consists of four main parts: the scaffold, cartridges, block and equipment. The aluminum scaffold joins together the three other components.

Le bâtiment comprend quatre parties principales : la structure, les modules préfabriqués, le revêtement et les installations. La structure en aluminium relie les trois autres parties entre elles.

Das Gebäude besteht aus vier Hauptelementen: Skelett, Fertigmodule, Verkleidung und Systeme. Das Aluminiumskelett verbindet die anderen drei Teile.

The building's position on timber piles minimizes its environmental impact. The outer walls incorporate an insulation system; the windows and exterior screen are made from wood slats.

L'impact environnemental du bâtiment, posé sur des piliers en bois, est minime grâce aux murs extérieurs à système d'isolation intégré, ainsi qu'aux fenêtres et à la façade en lames de bois.

Die Aufständerung des Gebäudes auf Holzpfeiler vermindert die Umweltbelastung. Die Isolierung ist in den Außenmauern integriert, Fenster- und Außenverkleidung sind aus Holzlamellen.

The west-facing façade is a double-layered glass wall. The inner layer comprises folding glass doors, while the outer layer consists of polycarbonate hangar-style shelters that work as a screen to protect against the rain.

La face ouest est doublement vitrée. La façade intérieure se compose de portes à battants vitrées. À l'extérieur, une marquise en polycarbonate style hangar sert d'écran de protection contre la pluie.

Die Westfassade ist eine zweischichtige Glaswand. Die Innenschicht besteht aus Glasklapptüren; Polycarbonatpaneele außen dienen als Regenschutz.

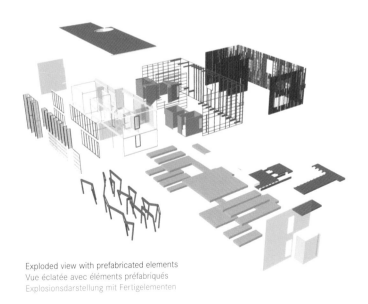

Exploded view with prefabricated elements
Vue éclatée avec éléments préfabriqués
Explosionsdarstellung mit Fertigelementen

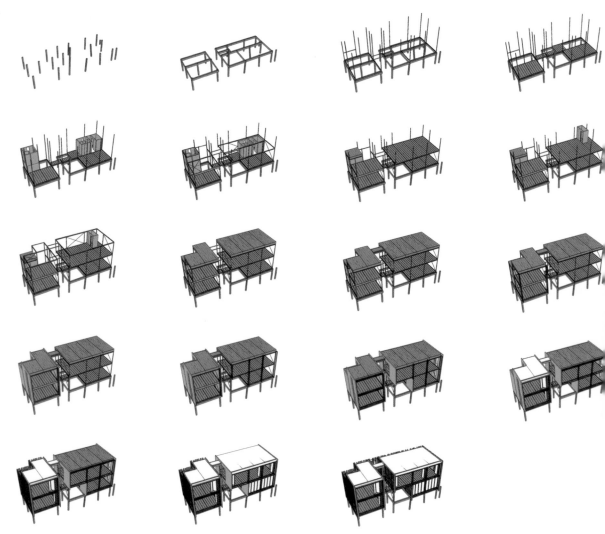

Assembly diagram Schéma d'assemblage Montageschema

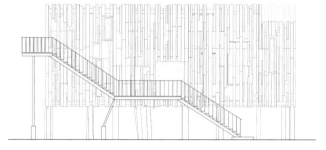

East elevation Élévation est Östlicher Aufriss

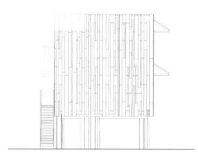

North elevation Élévation nord Nördlicher Aufriss

West elevation Élévation ouest Westlicher Aufriss

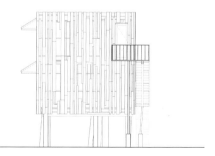

South elevation Élévation sud Südlicher Aufriss

☐ **Wall House**

FAR frohn&rojas

This 2476 sq. ft. economical dwelling is a shining example of energy efficiency during a building's useful lifetime. The house is structured around a central core where the kitchen and bathroom are located. From this core the house expands outwards in four different layers. Inter-layer microclimates are created that vary the building's bioclimatic system depending on the time of the year. In winter, the first floor of the dwelling is heated by concrete paving that incorporates a gas-powered radiant heating system, and the second floor is warmed by a central heat-radiating nucleus. During the summer months a heat pump cools the rooms and the outer diamond-shaped skin has a solar protection coating similar to those used in greenhouses, which reflects between 50 and 70% of solar rays.

Cette habitation de 230 m² au budget limité est un bon exemple d'efficience énergétique, telle qu'on l'exige actuellement au cours de la longévité d'un bâtiment. Elle s'organise autour d'un noyau central, où se trouvent la cuisine et la salle de bains. Les parois déployées vers l'extérieur comptent jusqu'à quatre couches différentes. Les microclimats générés entre ces couches ont un impact direct sur le fonctionnement bioclimatique du bâtiment suivant l'époque de l'année. En hiver, le système de chauffage est régulé par le revêtement en béton du rez-de-chaussée, dans lequel est intégré un sol radiant alimenté au gaz, et par un noyau central en béton qui diffuse la chaleur au premier étage. Grâce à la pompe à chaleur, les pièces se rafraîchissent en été. Par ailleurs, la couche extérieure de l'enveloppe du toit, en forme de diamant, contient une protection solaire, comme celle utilisée pour les serres, qui réfléchit entre 50 et 75 % du rayonnement solaire.

Dieses 230 m² große preiswerte Haus ist ein Beispiel für die Energieeffizienz eines Gebäudes während seiner gesamten Lebensdauer. Es wurde um einen Kern herum angeordnet, in dem sich Küche und Bad befinden. Von dort aus verlaufen nach außen bis zu vier verschiedene Schichten. Zwischen diesen Schichten entstehen Mikroklimate, die sich auf das Klima des gesamten Gebäudes entsprechend der Jahreszeit auswirken. Die Heizung wird im Winter durch den Betonboden im Erdgeschoss, in dem sich eine mit Gas betriebene Fußbodenheizung befindet, sowie durch einen zentralen Betonkern, der im ersten Stock Wärme abstrahlt, geregelt. Im Sommer werden die Räume durch eine Wärmepumpe abgekühlt. Die äußere Hülle in Form eines Diamanten enthält außerdem eine Sonnenschutzschicht, die mit derjenigen von Gewächshäusern vergleichbar ist und zwischen 50 bis 75 % der Sonnenstrahlen reflektiert.

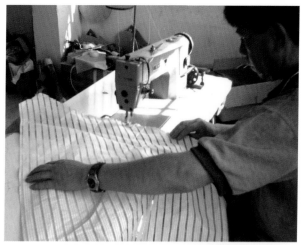

Approximately 70% of the dwelling is prefabricated, mainly the stacked shelving and the exterior factory-sewn soft skin. It took four days to assemble both elements.

Cette maison est constituée à près de 70% d'éléments préfabriqués, notamment la structure à étage et l'enveloppe textile extérieure, cousue en atelier. L'assemblage de ces éléments a requis quatre jours.

Rund 70% des Gebäudes, d. h. hauptsächlich die Regalstruktur und die Außenstoffe, die in einer Werkstatt genäht wurden, bestehen aus Fertigmaterial. Der Zusammenbau der Elemente dauerte vier Tage.

The dwelling is stratified between the concrete nucleus, the stacked shelving, the milky shell, and the soft skin. Each layer has its own microclimate as well as specific structural functions.

La maison est en stratifié entre le noyau en béton, la structure à étage, les panneaux en polycarbonate et les toiles. Chaque couche a son propre microclimat et des fonctions structurelles spécifiques.

Betonkern, Regalstruktur, Polycarbonatpaneele und Stoffe bilden die Schichten des Gebäudes. Jede Schicht besitzt ein eigenes Mikroklima und spezifische Funktionen.

The spatial and material organization of the exterior skin is very energy efficient compared with typical Latin American construction systems.

Grâce à la configuration spatiale et au matériau des toiles extérieures, l'efficience énergétique est ici bien supérieure à celle des modes de construction classiques en Amérique latine.

Dank der räumlichen Gestaltung und des Außenstoffmaterials wird – im Vergleich zu den Baustandards in Lateinamerika – eine sehr hohe Energieeffizienz erreicht.

The layer formed by the milky shell and double glass, with sliding doors and pivoting glass panels, creates a translucent enveloping layer through which light passes to illuminate the interior spaces.

La couche formée par des panneaux en polycarbonate et les doubles vitrages, avec portes coulissantes et fenêtres basculantes, crée une couche enveloppante translucide qui laisse pénétrer la lumière du jour à l'intérieur.

Die aus Polycarbonatpaneelen und Doppelglas gebildete Schicht mit Schiebetüren und Kippfenstern schafft eine durchsichtige Hülle, durch die die Innenbereiche belichtet werden.

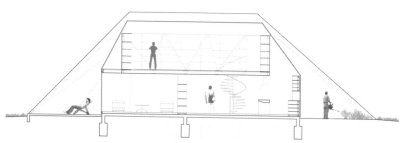

Longitudinal section Section longitudinale Längsschnitt

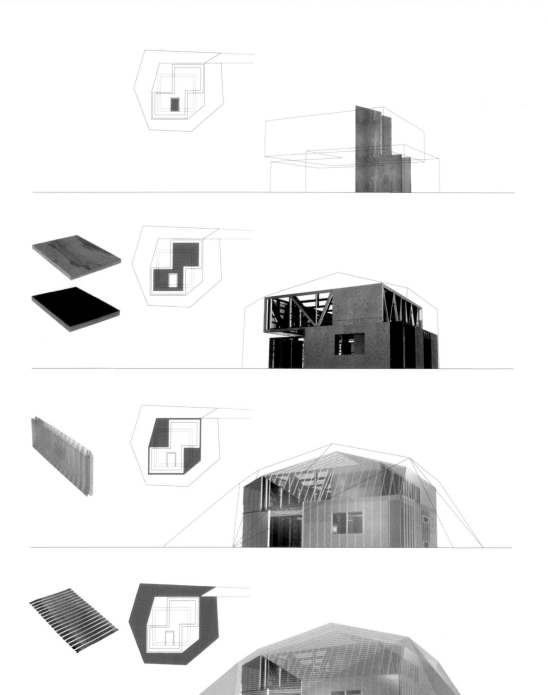

Sketch of construction by layers and materials Schéma de construction par couche et matériau Montageschema nach Schichten und Werkstoffen

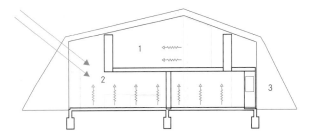

1. Heating Chaleur par rayonnement Wärme durch Strahlung
2. Thermal storage Inertie thermique Wärmeträgheit
3. Gas boiler Chaudière à gaz Gasheizkessel

Bioclimatic sketch (winter) Schéma bioclimatique (hiver) Bioklimatisches Schema (Winter)

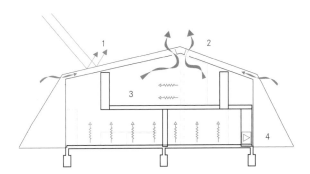

1. UV-reflection Réflexion rayons ultraviolets UV-Strahlenreflexion
2. Deaeration Sortie d'air chaud Warmluftausgang
3. Cooling Air frais Frischluft
4. Heat pump Pompe à chaleur Wärmepumpe

Bioclimatic sketch (summer) Schéma bioclimatique (été) Bioklimatisches Schema (Sommer)

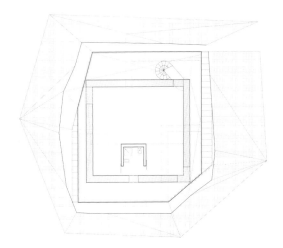

First floor Premier étage Erstes Obergeschoss

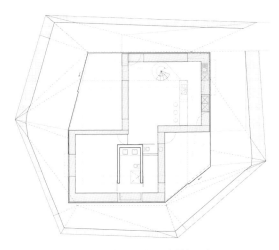

Ground floor Rez-de-chaussée Erdgeschoss

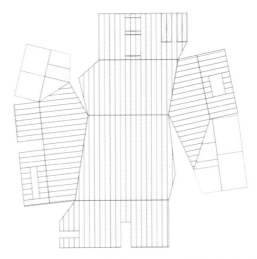

Layer milky shell Couche de panneaux en polycarbonate et en verre Polycarbonat- und Glaspaneele

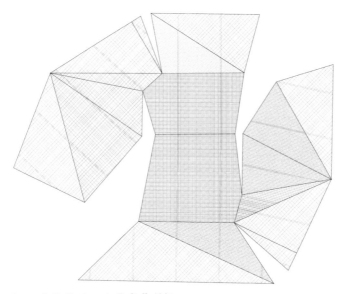

Layer soft skin Enveloppe textile Stoffschicht

☐ M2 Kip House

Kim Herforth Nielsen/3XN

The Kip model is a catalog-order home with three different variations, one of which comes complete with basement. Its design concept is based on voluminous interior spaces that are well positioned to benefit from the sun and enjoy views of the exterior spaces. The sizes vary between 1658 and 1938 sq. ft. The building structure is made out of concrete and can be clad with either timber or cement; the finishes can be in black or white. Both the façade and the roof, a new take on the classic gable, are finished in black, creating an optical illusion of the roof merging with the façade, and vice versa. The kitchen, dining room and living space are positioned in the angle that most openly projects into the exterior while the bedrooms are in the opposite angle, closed in by a glass wall. All the rooms, apart from the bathrooms and the laundry room, directly overlook the garden.

Le modèle Kip, vendu sur catalogue, comprend trois types d'habitations, dont l'une possède un sous-sol. Le concept devait s'appuyer sur de grands espaces intérieurs bien orientés et ouverts sur l'extérieur. La superficie varie entre 154 et 180 m². La structure du bâtiment est en béton revêtu de bois ou de plâtre, et les finitions peuvent être noires ou blanches. Le toit, une réinterprétation du classique toit en bâtière, et les façades sont noirs, d'où par effet d'optique la faible distinction entre les deux. La cuisine, le salon et la salle de séjour se trouvent dans l'angle extérieur le plus ouvert, alors que les chambres, fermées par une baie vitrée, sont situées dans l'angle opposé. Toutes les pièces, excepté la salle de bains et la buanderie, donnent directement sur le jardin.

Das Modell Kip wird per Katalog verkauft und ist in drei verschiedenen Ausführungen, davon eine mit Untergeschoss, erhältlich. Die Hauptvorgaben seines Designs sind große Innenbereiche mit guter Sonnenausrichtung und Blick nach außen. Die Fläche kann zwischen 154 und 180 m² variieren. Die Gebäudestruktur besteht aus Beton mit Holz- oder Gipsverkleidung und die Ausführung kann in Weiß oder Schwarz erfolgen. Da sowohl das Dach, eine Neuinterpretation der klassischen Mauerbedachung, als auch die Fassaden schwarz ausgeführt sind, entsteht die Illusion, dass beides ineinander übergeht. Im größten nach außen geöffneten Winkel befinden sich Küche, Ess- und Wohnzimmer, während die Schlafzimmer im gegenüberliegenden Winkel liegen und mit einer Glasfassade geschlossen sind. Alle Räume, außer Badezimmer sowie Wasch- und Bügelraum, liegen unmittelbar zum Garten hin.

One of the core design concepts was to enhance the dialog between the interior and exterior spaces. The hexagonal floor plan culminates in a wooden terrace that connects the kitchen and dining area with the outside world.

L'un des critères imposés consistait à mettre en valeur l'interrelation intérieur/extérieur. L'étage hexagonal dispose d'une terrasse en bois qui relie la cuisine et la salle à manger avec l'extérieur.

Eine der Designvorgaben lautete, die Beziehung zwischen Innen- und Außenbereich zu fördern. Der sechseckige Grundriss läuft in eine Holzterrasse aus, die Küche und Esszimmer mit dem Außenbereich verbindet.

The dining room/living space is glazed on two corners: a glass façade in front of the terrace and a triangular pane in this corner.

La salle à manger-salon s'ouvre sur l'extérieur par des baies vitrées en angle. Côté terrasse, la façade vitrée se prolonge par une partie vitrée triangulaire en angle.

Das Wohn- und Esszimmer besitzt verglaste Wände an zwei seiner Ecken: Eine verglaste Fassade vor der Terrasse und ein Dreieckfenster in der anderen Ecke.

The design of the M2 Kip house separates it into a passive section, containing the bedrooms, and an active area comprising the living space. These two zones are separated by the bath and washroom.

Le concept de la maison M2 Kip différencie l'espace passif où se trouvent les chambres à coucher de l'espace actif composé de la salle de séjour. La salle de bains et la buanderie séparent ces deux sphères.

Der Entwurf von M2 Kip unterscheidet zwischen einem privaten Teil mit den Schlafzimmern und einem Gemeinschaftsbereich mit dem Wohnzimmer. Bad und Waschraum trennen beide Bereiche.

Black is a central element to the program: the exterior timber cladding has a black finish and black tar-paper is used on the roofing.

Le noir joue un rôle important dans ce projet : les revêtements extérieurs sont en bois peint en noir ; le toit recouvert de carton bitumé est également noir.

Die Farbe Schwarz ist von Bedeutung, da die Außenverkleidungen aus schwarz ausgeführtem Holz sind und das Dach wegen des Einsatzes von Teerpappe die gleiche Farbe hat.

Section of the 1658 sq. ft. dwelling Coupe maison 154 m² Schnitt 154 m² große Wohnung

Section of the 1755 sq. ft. dwelling Coupe maison 163 m² Schnitt 163 m² große Wohnung

Section of the 1938 sq. ft. dwelling Coupe maison 180 m² Schnitt 180 m² große Wohnung

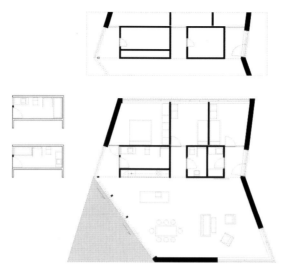

Floor plan of the 1626 sq. ft. dwelling Plan de l'étage maison 154 m² Grundriss 154 m² große Wohnung

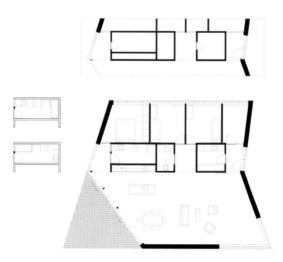

Floor plan of the 1938 sq. ft. dwelling Plan de l'étage maison 180 m² Grundriss 180 m² große Wohnung

☐ House M

Caramel Architekten

This 1163 sq. ft. cube has a terrace of 334 sq. ft. and a square floor plan (39 x 39 ft.). It is closed on two sides to prevent exposure to the neighboring lots. The south and west facing façades are completely exposed to the exterior using large glass walls, allowing a view of the Danube valley to the west. The dining room, living room and kitchen are behind the south façade, which culminates in a veranda on a wood-finish platform leading to a natural pond. The private quarters are behind the north-east façade. The building is structured using prefabricated insulated panels. The diagonal supports on the east façade form a functional part of the structure. The cube is enveloped by synthetic membranes: EPDM on the roof and white Teflon-coated PVC on the walls. Construction work on the building lasted nine months in total.

Ce bâtiment de 108 m², doté d'une terrasse de 31 m², est un espace de 12 x 12 m fermé sur deux côtés afin d'éviter son exposition aux parcelles voisines. Les faces sud et ouest sont entièrement ouvertes sur l'extérieur par de grandes baies vitrées qui offrent une vue magnifique sur la vallée du Danube côté ouest. La face sud, sur laquelle donnent la salle à manger, la salle de séjour et la cuisine, se prolonge par une terrasse posée sur une plate-forme en bois reliée à une piscine naturelle. Les espaces privés sont orientés nord-est. La structure du bâtiment se compose de panneaux d'isolation thermique préfabriqués. Les piliers de la face ouest, disposés en diagonale, servent également à soutenir la couverture de la maison. L'enveloppe de la maison se compose de membranes synthétiques : EPDM pour le toit et PVC avec finition en téflon blanc pour les façades. La construction a duré neuf mois.

Dieser Bau mit einer Fläche von 108 m² und einer 31 m² großen Terrasse hat einen quadratischen Grundriss (12 x 12 m) und ist an zwei Seiten geschlossen, um eine Öffnung in Richtung der Nachbargrundstücke zu vermeiden. Süd- und Westfassade hingegen öffnen sich mit großen Glaswänden, von denen man im Westen einen Ausblick auf das Donautal, komplett nach außen, hat. Die Südfassade, an der Esszimmer, Wohnzimmer und Küche liegen, geht in eine überdachte Terrasse mit in Holz ausgeführter Plattform über, an die sich ein Naturswimmingpool anschließt. Die Privaträume liegen zur Nordostfassade hin. Die Gebäudestruktur besteht aus wärmeisolierenden Fertigbaupaneelen. Die Stützen sind diagonal an der Westfassade angeordnet und erfüllen ebenfalls eine strukturelle Funktion. Die Hülle besteht aus Kunststoffmembranen: aus EPDM für das Dach und aus PVC mit weißem Teflonfinish für die Fassaden. Der Bau dauerte neun Monate.

North elevation Élévation nord Nördlicher Aufriss

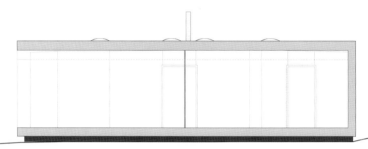

South elevation Élévation sud Südlicher Aufriss

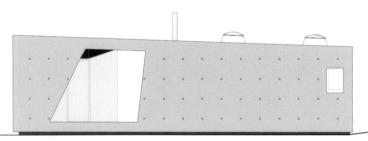

East elevation Élévation est Östlicher Aufriss

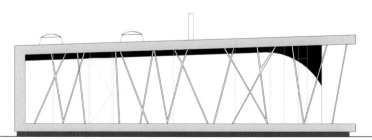

West elevation Élévation ouest Westlicher Aufriss

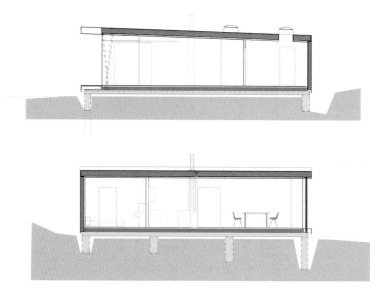

Sections Sections Schnitte

Plan Plan Grundriss

☐ Hidden Valley House

Marmol Radziner Prefab

This modular residence lies in a 100-acre lot surrounded by the rocky desert formations of Moab. It was designed for a couple without children who wanted to enjoy both its interior and exterior spaces, 1755 sq. ft. and 2551 sq. ft. respectively. The dwelling has two bathrooms, a garage and a pool. The house, set out on a T, consists of twelve modules with recycled steel frames plus three more in the garage. The versatile interior spaces open out onto the exterior through façades that are mostly made of glass. The two bedrooms and two bathrooms are made of five modules with ten sliding roof panels. These were completely made in the factory. The residence was transported to its current site with the windows, doors, cabinetry, photovoltaic panels, electrical appliances, and other exterior finishes already installed. The dwelling took seven months to build, three of which in the factory.

Cette habitation modulaire se dresse sur un terrain de 40 hectares délimité par la formation rocheuse du désert de Moab. Elle a été conçue pour un couple sans enfant qui souhaitait avoir un grand espace intérieur (163 m²) avec une extension à l'extérieur (237 m²). Elle comprend deux salles de bains, un garage et une piscine. La maison consiste en un niveau en forme de T, réalisé à partir de douze modules à profils d'acier recyclé et de trois modules supplémentaires pour le garage. Les espaces sont flexibles et s'ouvrent sur l'extérieur par des baies vitrées posées sur la plus grande partie des faces du bâtiment. Les deux chambres à coucher et les deux salles de bains représentent cinq modules et dix panneaux extensibles pour le toit, tous entièrement fabriqués en usine. On a fait transporter l'habitation sur son actuel emplacement après l'avoir entièrement équipée des fenêtres, des portes, des armoires, des panneaux photovoltaïques, de l'électrodomestique et autres finitions extérieures. La construction a duré sept mois, dont trois en usine.

Dieses modulare Haus steht auf einem 40 ha großen Gelände, das von den Felsformationen der Moab-Wüste begrenzt ist. Es wurde für ein kinderloses Ehepaar entworfen, das sowohl einen Innen- (163 m²) als auch einen Außenbereich (237 m²) genießen wollte. Dazu gehören zwei Bäder, eine Garage und ein Swimmingpool. Das Haus in T-Form setzt sich aus zwölf Modulen mit Recyclingstahlprofilen und drei weiteren Modulen für die Garage zusammen. Die flexiblen Räume öffnen sich dank des Einsatzes von Glaswänden in den meisten Fassaden nach außen hin. Die zwei Schlafzimmer und die beiden Bäder verfügen über fünf Module und zehn ausfahrbare Paneele zur Abdeckung. Sie wurden vollständig im Werk hergestellt. Das Haus wurde mit bereits voreingebauten Fenstern, Türen, Fotovoltaikpaneelen, Elektrogeräten und weiteren Einrichtungen an seinen jetzigen Standort transportiert. Der Bau dauerte insgesamt sieben Monate, von denen drei im Werk erfolgten.

This property is located in an arid region. It has been respectfully inserted into the landscape and the pool is heated by geothermal power.

Le montage sur place de cette maison, située dans une région aride, a été réalisé suivant des critères écologiques. La piscine est chauffée par un système qui exploite l'énergie géothermique.

Dieses Haus steht in einer trockenen Gegend und wurde unter Beachtung seiner Umgebung errichtet. Der Pool wird mit Erdwärme beheizt.

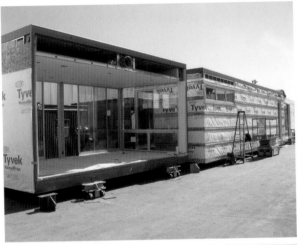

Each module is sheathed with steel panels and the interior box is finished in walnut. The decks are made of timber, and stone slabs were used for the interior flooring.

Chaque module est revêtu de panneaux en acier. La finition de l'intérieur est en noyer. Les terrasses sont en bois et les revêtements intérieurs en dalles en pierre.

Jedes Modul ist mit Stahlpaneelen verkleidet, während der Innenkasten in Nussbaumholz ausgeführt ist. Die Terrassen sind aus Holz und die Innenböden aus Steinplatten.

The cladding, made from structural insulated panels (SIPs), reduces power consumption by 14%. The use of low-E glass gives 39% more insulation capacity.

Le revêtement de panneaux de la structure, dotée d'une isolation thermique (SIPs), réduit la consommation énergétique de 14 %. L'utilisation de verre à faible rejet de chaleur augmente l'isolation de 39 %.

Die Verkleidung aus wärmeisolierenden Strukturpaneelen (SIPs) senkt den Energieverbrauch um 14 %. Der Einsatz von Glas mit geringer Abstrahlung sorgt für 39 % mehr Isolierung.

The interiors include eco-efficient appliances, an interior geothermal air controlled ventilation system, and low-VOC paint finishes.

Les espaces intérieurs comprennent un équipement électrodomestique écologique, un système d'aération contrôlée par air géothermique et des finitions réalisées avec une peinture à faible teneur en COV.

In den Innenbereichen stehen energieeffiziente Hausgeräte. Dazu gehören auch ein mit Erdwärme gesteuertes Innenbelüftungssystem und Anstriche mit VOC-armen Farben.

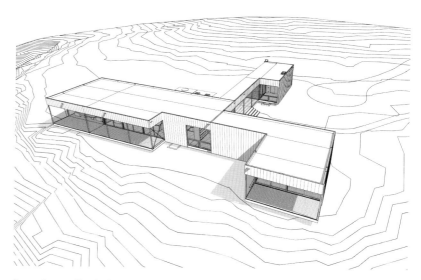

Perspective map Plan de situation en perspective Lageplan in Perspektive

The main axis of this vacation home runs along a rocky ledge, giving it spectacular views over the desert landscapes.
L'axe principal de cette maison de vacances longe une corniche rocheuse. Depuis la partie en avancée, on a des vues magnifiques sur le paysage désertique.
Die Hauptachse dieses Ferienhauses verläuft längs einer felsigen Kante. Dadurch hat man eine herrliche Aussicht auf die Wüstenlandschaft.

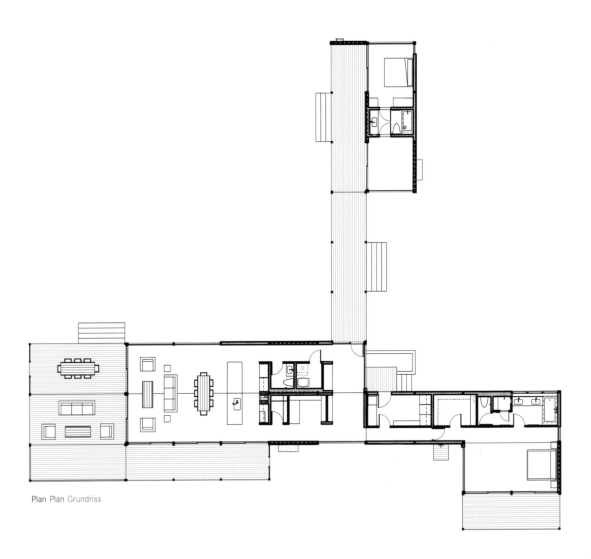

Plan Plan Grundriss

☐ HUF Fachwerkhaus 2000 ART 9

Manfred Adams, Huf Haus

The company Huf Haus sells catalog-order houses with bioclimatic designs, environmental technology and modern lines, which enhance dialog between the interior and exterior spaces. This pilot model, with a total area of 7029 sq. ft. was inspired by the four Aristotelian elements of nature (earth, water, fire, and air). Its rectangular floor plan (72 x 52 ft.) comprises three levels: the basement, with a kitchen, bathroom and bar for visitors; the first floor with a living-room, kitchen and studio; and the second floor with two bedrooms, a reading-room and washroom for guests. All these spaces are open plan. The building's structure is made of wood with mineral-wool insulation, and the basement is made of concrete. The glass monitor roof contains thermal and photovoltaic panels. A mechanical ventilation system is used for climate control and the heat is distributed by means of a radiant floor.

L'entreprise Huf Haus fait la promotion par catalogue d'habitations bioclimatiques, respectueuses de l'environnement et de style moderne, dont le concept met l'accent sur l'interrelation intérieur-extérieur. Ce modèle promotionnel s'inspire des quatre éléments naturels (feu, eau, terre et air) et couvre une superficie totale de 653 m². Le plan rectangulaire (22 x 16 m) est agencé sur trois niveaux : cuisine, salle de bains et bar au sous-sol ; salle de séjour, cuisine et studio au rez-de-chaussée ; chambres à coucher, salle de bains, bibliothèque et toilettes pour les invités à l'étage. Il s'agit de grands espaces ouverts. La structure du bâtiment est en bois, son isolation en laine minérale et la base du sous-sol en béton. Des panneaux solaires photovoltaïques et thermiques sont intégrés dans le toit en pente vitré. Une pompe à chaleur assure la climatisation et le chauffage par le sol.

Die Firma Huf Haus bietet per Katalog Häuser mit bioklimatischem Design, Umwelttechnologie und modernem Stil an, bei denen die Beziehung zwischen innen und außen gefördert wird. Dieses Musterhaus, das eine Gesamtfläche von 653 m² hat, wurde von den vier Elementen (Feuer, Wasser, Erde und Luft) inspiriert und erhebt sich auf einem rechteckigen, 22 x 16 m großen Grundriss. Küche, Bad und Bar für Gäste befinden sich im Untergeschoss, Wohnzimmer, Küche und Studio im Erdgeschoss, Schlafzimmer, Bad, Bibliothek und Gäste-WC im ersten Stock. Alle Bereiche sind offen angelegt. Die Gebäudestruktur besteht aus Holz mit Steinwollisolierung, das Fundament des Untergeschosses aus Beton. Das verglaste Schrägdach ist mit Fotovoltaikpaneelen und Solarzellen ausgestattet. Für die Klimatisierung wird eine Wärmepumpe eingesetzt, die Verteilung der Wärme erfolgt über eine Fußbodenheizung.

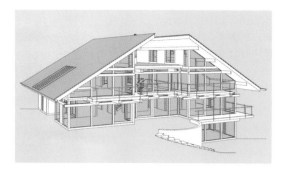

Front view Vue partie avant Vorderansicht

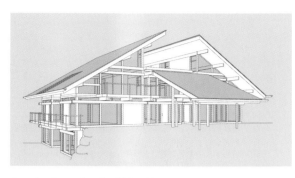

Rear view Vue partie arrière Rückansicht

North elevation Élévation nord Nördlicher Aufriss

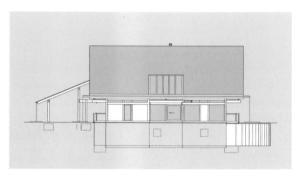

East elevation Élévation est Östlicher Aufriss

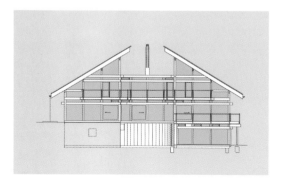

South elevation Élévation sud Südlicher Aufriss

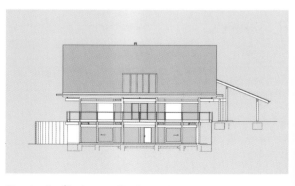

West elevation Élévation ouest Westlicher Aufriss

The interior has clean surfaces, versatile spaces and a sense of openness. The floorings are tiled in the Italian style or carpeted.

L'intérieur se divise en plusieurs espaces clairement délimités et flexibles, très aérés. Les revêtements sont des dalles de pierre, de fabrication italienne, et de la moquette.

Im Innenbereich herrschen glatte Oberflächen und flexible Bereiche vor, die den Eindruck von Transparenz erwecken. Die Böden wurden entweder als Steinböden im italienischem Stil oder als Teppichböden gestaltet.

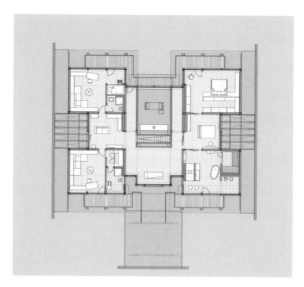

First floor Premier étage Erstes Obergeschoss

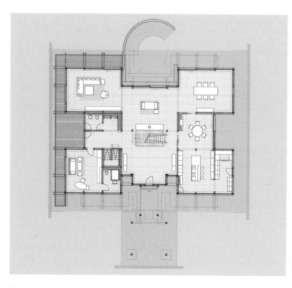

Ground floor Rez-de-chaussée Erdgeschoss

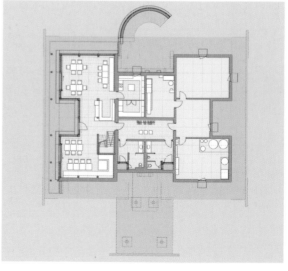

Basement Sous-sol Kellergeschoss

☐ Kyoto House

Pich-Aguilera

This 2734 sq. ft. dwelling is the perfect example of how to minimize environmental impact and energy requirements both during a building's construction phase and throughout its useful lifetime. The house has a bioclimatic design and is arranged around an H form with a central south-facing courtyard. This design gives a maximum deviation of 45° towards the east or west to cover all possible solar orientations. In winter the dwelling is heated by radiant systems integrated in the flooring. The house is largely energy self-sufficient as it incorporates thermal, photovoltaic and geothermal energy systems. The entire structure and composition of the building is prefabricated from concrete slabs. Adjustable aluminum or wood panels in openings in the façade act as solar protection elements. The dwelling was built in a total of eight months.

Cette habitation de 254 m² est un exemple de réduction de l'impact environnemental et de faible consommation énergétique, tant pour sa construction que pour son usage. Il s'agit d'une maison bioclimatique, dotée d'un étage en forme de H autour d'un patio central orienté vers le sud. Le design permet une déviation maximale de 45° est ou ouest, de manière à couvrir toutes les orientations solaires possibles. En hiver, l'espace est chauffé par des systèmes intégrés de sol radiant. La maison dispose d'une exploitation autonome de l'énergie, assurée par des dispositifs mettant à profit l'énergie solaire thermique, photovoltaïque et géothermique. La structure du bâtiment se compose de panneaux en béton préfabriqués. Des lames en aluminium ou en bois protègent les ouvertures de la façade contre le rayonnement solaire. La construction a pris huit mois.

Dieses 254 m2 große Haus ist ein Beispiel dafür, wie Umweltbelastung und Strombedarf während des Baus und der Lebensdauer eines Gebäudes reduziert werden können. Das Haus besitzt ein bioklimatisches Design mit H-förmigem Grundriss, der um einen zentralen Innenhof nach Süden ausgerichtet ist. Der Entwurf ermöglicht eine maximale Abweichung von 45° nach Osten oder Westen, so dass alle möglichen Sonnenrichtungen abgedeckt sind. Im Winter wird das Haus über integrierte Fußbodenheizsysteme erwärmt. Da Vorrichtungen zur Nutzung der Sonnenwärme, Fotovoltaik und Erdwärmepumpe vorhanden sind, ist das Gebäude im Hinblick auf die Energieversorgung äußerst unabhängig. Die gesamte Struktur des Gebäudes besteht aus Fertigbetonpaneelen. Der Sonnenschutz wird mithilfe von schwenkbaren Aluminium- oder Holzlamellen erreicht. Die Bauzeit betrug acht Monate.

The project is based on a heavy concrete construction system, which takes full advantage of the thermal mass of the structure and the walls of the house.

Le projet consiste en une structure posée sur une assise en béton, ce qui permet d'exploiter au maximum la masse thermique de la construction et des bardages.

Das Projekt basiert auf einem schweren Betonbausystem, durch das die Wärmemasse der Struktur und der Außenwände des Hauses maximal genutzt wurden.

An insulating material with low environmental impact is used, such as glass wool, or from renewable materials like cork or wood.

Les concepteurs ont choisi un matériau isolant à faible impact environnemental négatif, comme la laine de verre, ainsi que des matières premières telles que le liège et le bois.

Es wurde umweltfreundliches Isoliermaterial wie Glaswolle sowie solches aus erneuerbaren Rohstoffen wie Kork und Holz eingesetzt.

Precast concrete panels can be 47 or 90 in. in width. Between the inner and outer panels there is a ventilated chamber with insulation.

Les panneaux en béton préfabriqués mesurent entre 1,20 m et 2,30 m de largeur. Un isolant est inséré dans le vide entre les panneaux extérieurs et intérieurs.

Die Fertigbetonpaneele können 1,20 oder 2,30 m breit sein. Zwischen den Außen- und Innenwänden befindet sich eine belüftete Kammer mit Isoliermaterial.

The main prefabricated parts are the walls, the concrete pillar and main beam structure, the interior and exterior concrete panels, and the prefabricated concrete stairs.

Les principaux éléments préfabriqués sont les murs de soutènement, la structure de piliers et poutres principales en béton, les panneaux intérieurs et extérieurs en béton, et les escaliers préfabriqués en béton.

Die wichtigsten vorgefertigten Elemente sind die Schutzmauern, das Gerüst aus Betonstützen und -balken, Innen- und Außenpaneele aus Beton und die Fertigbetontreppen.

First floor Premier étage Erstes Obergeschoss

Roof plan Plan du toit Dachgeschoss

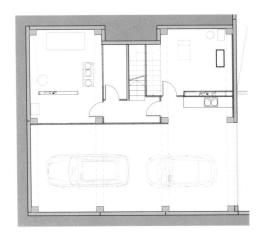

Ground floor Rez-de-chaussée Erdgeschoss

Basement Sous-sol Kellergeschoss

☐ Residence for a Sculptor

Sander Architects

This two-story design consists of a 4499 sq. ft. dwelling with three bedrooms and a sculptor's studio-cum-workshop of 1001 sq. ft. Its light prefabricated structure enabled the house to be completely customized both in terms of its design and its construction. In addition to generating less waste, the prefabricated system narrowed the final cost of the project down to around 148 euros/sq. ft. The floor plan is structured along the longitudinal axis. The interior design enhances the double height, the open spaces, the natural illumination and the bioclimatic architecture. The dwelling does not have air conditioning, instead, it is cooled during the summer months by cross-ventilation from openings in the façade. Both the entry hall and the main room on the second floor were designed for displaying works by the artist. Concrete slabs were used as flooring on the lower level and bamboo was used on the floor above.

Ce projet consiste en une habitation de 418 m² répartis sur deux niveaux, comprenant trois chambres à coucher et un studio-atelier de 93 m² pour un sculpteur. L'utilisation d'une structure légère préfabriquée a permis de personnaliser la maison, tant sur le plan du design que sur celui de la construction. Non seulement ce système de préfabrication a permis de réduire la quantité de produits résiduels, il a également abaissé le coût final de la construction à 1590 euros/m². L'étage est agencé suivant l'axe longitudinal. Le concept des espaces intérieurs mettait l'accent sur des espaces ouverts, un éclairage naturel et une architecture bioclimatique. La maison ne dispose pas de climatisation mais elle se rafraîchit en été grâce l'aération croisée générée par les ouvertures de la façade. Le vestibule comme la pièce principale, située à l'étage, répondent au désir du propriétaire, un artiste, qui souhaitait y exposer ses œuvres. Au rez-de-chaussée, le sol est revêtu de dalles en béton, tandis que celui de l'étage est en bambou.

Dieses Bauprogramm umfasst ein 418 m² großes Haus mit zwei Stockwerken, das unter anderem drei Schlafzimmern und einem 93 m² großen Bildhaueratelier Platz bietet. Durch den Einsatz einer leichten Fertigstruktur ließ sich das Haus im Design wie auch im Bau in jeder Hinsicht individuell anpassen. Dank des eingesetzten Fertigbausystems konnten die Baukosten auf rund 1590 Euro/m² reduziert werden, zudem wurden weniger Abfälle produziert. Der Grundriss entwickelt sich entlang der Längsachse. Bei der Gestaltung der Innenbereiche wurde besonderes Augenmerk auf doppelte Raumhöhen, offene Bereiche, Tageslicht und natürliches Klima gerichtet. Das Haus besitzt keine Klimaanlage, wird aber im Sommer durch die von den Fassadenöffnungen ermöglichte Querlüftung abgekühlt. Diele und Hauptraum im ersten Stock wurden entworfen, um die Werke des Künstlers ausstellen zu können. Für die Böden wurden Betonplatten im Erdgeschoss und Bambusholz im Obergeschoss eingesetzt.

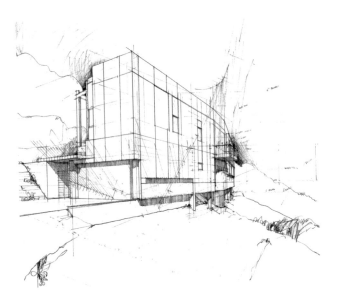
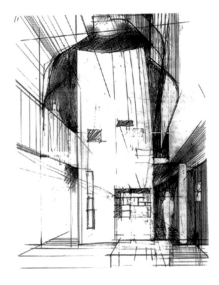

Sketch Esquisse Skizze

South elevation Élévation sud Südlicher Aufriss

At the end of the building's useful lifetime the structure can be dismantled and recycled, or reused in another project. Local low-irrigation species were used in the landscaping.

À la fin de la vie utile du bâtiment, il est possible de démonter la structure et de la recycler ou de la réutiliser pour une autre construction. Le choix s'est porté sur des espèces de plantes locales car elles se contentent de peu d'eau.

Nach Ablauf der Lebensdauer dieses Gebäudes kann die Struktur abgebaut, recycelt oder bei einem anderen Bau wieder verwendet werden. Für die Gartengestaltung wurden heimische Pflanzen mit geringem Bewässerungsbedarf eingesetzt.

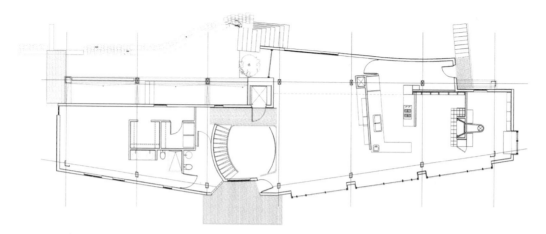

First floor Premier étage Erstes Obergeschoss

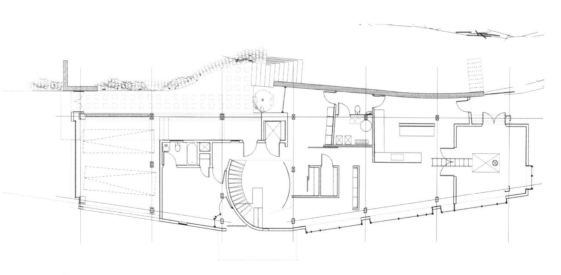

Ground floor Rez-de-chaussée Erdgeschoss

☐ System3

Oskar Leo Kaufmann, Albert Rüf

For the 2008 summer edition of the exhibition *Home Delivery: fabricating the modern dwelling*, centered around the theme of prefabrication and modular systems, an Austrian architecture studio unveiled System3, an ideal prototype for a transportable, expandable and long-lasting dwelling. The concept of System3 revolves around a section extracted from a building and converted into what the architects call "serving space" and "naked space". The "serving space" is a completely prefabricated unit incorporating the central stairwell, kitchen, bathroom, and electrical and climate control systems; while the "naked space" consists of the floors, walls, windows and roof. Each section of wall, floor or roof was fabricated from wooden units with a maximum length of 49 ft. The basic module has a total floor space of 570 sq. ft.

Pour l'exposition *Home Delivery : fabricating the modern dwelling*, tenue en été 2008 au MoMA et consacrée à la préfabrication et aux systèmes modulaires, un bureau d'étude autrichien a présenté System3, un prototype idéal d'habitation amovible, expansible et durable. Du point de vue conceptuel, System3 s'articule autour d'une partie de bâtiment reconvertie en ce que les architectes appellent un « espace de service » *(serving space)*, et en un « espace nu » *(naked space)*. L'espace de service consiste en une unité totalement préfabriquée qui inclut l'escalier, la cuisine, la salle de bains, l'installation électrique et la climatisation, tandis que l'espace nu réunit le revêtement, les murs, les fenêtres et le toit. Chaque pan de mur, de revêtement ou de toit sont des unités en bois d'une longueur maximale de 15 m. Le module de base couvre une superficie de 53 m².

Bei der im Sommer 2008 im MoMA veranstalteten Ausstellung von Fertigbau- und Modulsystemen *Home Delivery: fabricating the modern dwelling* stellte das österreichische Atelier sein System3 vor. Dabei handelt es sich um einen idealen Prototypen eines transportierbaren, erweiterbaren und dauerhaften Hauses. Vom Konzept her basiert System3 auf einem aus einem Gesamtgebäude ausgeschnittenen Teil, der von den Architekten in einen „Servicebereich" und einen „nackten Bereich" verwandelt wurde. Der „Servicebereich" ist eine komplette Fertigbaueinheit, die einen Kernbereich mit Treppe, Küche, Bad, Strom- und Klimasystem umfasst. Der „nackten Bereich" wird von Boden, Wänden, Fenstern und Dach gebildet. Jedes Wand-, Boden- oder Dachsegment besteht aus Holzeinheiten, die maximal 15 m lang sind. Die Grundfläche des Basismoduls beträgt 53 m².

The specialty of the Austrian architects Oskar L. Kaufmann and Albert Rüf is creating low-cost, high-quality designs. Their designs use cutting-edge technology and create spaces that can be flexibly organized.

Les architectes autrichiens Oskar L. Kaufmann et Albert Rüf sont spécialisés en concepts de grande qualité à budget limité. Ils ont intégré la haute technologie dans ce projet qui permet un agencement flexible des espaces.

Die österreichischen Architekten Oskar L. Kaufmann und Albert Rüf haben sich auf hochwertige Entwürfe mit niedrigen Kosten spezialisiert. Sie entwerfen thilfe fortschrittlicher Technologien und bieten Räume mit flexibler Aufteilung an.

This prototype was built in Austria and transported to New York. The total cost of constructing and assembling a module will be 102,000 euros once the production system is fully operational.

Ce prototype a été construit en Autriche, puis transporté à New York. Une fois le système entièrement opérationnel, le coût total de la construction et de l'assemblage d'un module s'élève à 102 000 euros.

Dieser Prototyp wurde in Österreich gebaut und nach New York transportiert. Sobald das Fertigungssystem komplett betriebsfähig ist, werden die Gesamtkosten für Bau und Zusammenbau eines Moduls 102.000 Euro betragen.

The "naked and serving spaces" are the same size and are adjacent to each other in one lateral. These juxtaposed volumes have equal proportions yet different structural functions.

Les « espaces nus » et les « espaces de service » ont la même dimension et sont contigus. Une fois juxtaposés, ils créent deux volumes aux proportions similaires mais aux fonctions structurelles différentes.

„Nackte Bereiche" und „Servicebereiche" sind gleich groß und grenzen aneinander. Sie bilden zwar zwei gleich große Volumen, erfüllen aber unterschiedliche Strukturfunktionen.

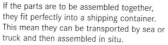

If the parts are to be assembled together, they fit perfectly into a shipping container. This mean they can be transported by sea or truck and then assembled in situ.

Le volume total des modules tient parfaitement dans un conteneur de marchandises. Cela favorise le transport par bateau ou par camion. L'assemblage est effectué sur les lieux.

Zusammenmontiert passt das entstehende Volumen perfekt in einen Warencontainer, so dass es nach Übersee verschifft oder im LKW transportiert und vor Ort zusammengebaut werden kann.

The project at MoMA is the smallest configuration; the architects envisaged the largest construction as thirty modules making up a 10,764 sq. ft. office block with ten stories.

Le projet exposé au MoMA représente la configuration minimale, mais les architectes peuvent également réaliser le plus grand modèle : composé de trente unités, ils forment une tour de bureaux de dix étages et 1000 m².

Das Projekt im MoMA zeigt die minimale Ausführung, während die Architekten auch an eine maximale Zusammenstellung von 30 Stück denken, wodurch ein Büroturm mit zehn Stockwerken und 1000 m² Grundfläche entstehen könnte.

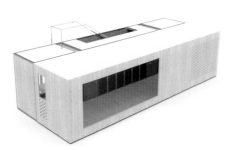

Axonometric view Axonométrie Axonometrie

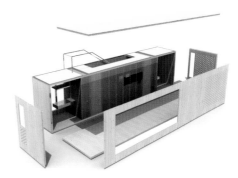

Deconstructed axonometric view
Axonométrie de coupe
Zerlegte Axonometrie

CNC-technology-finished
Technologie CNC-finition
CNC–Fertigbearbeitung

CNC technology-process
Technologie CNC-processus
CNC–Prozess

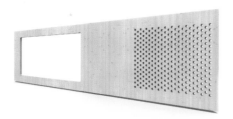

Coating Finition Beschichtung

Window Fenêtre Fenster

Model 2008 Type 2008 Typ 2008

570 sq. ft.
Living area, bedroom, kitchen, bath and roof deck
53 m²
Salle de séjour, chambre à coucher, cuisine, salle de bains et
toit en terrasse
53 m²
Wohnzimmer, Schlafzimmer, Küche, Bad und begehbares
Dach

Model 2010 Type 2010 Typ 2010

926 sq. ft.
Expanded living area, bedroom, kitchen, bath and roof deck
86 m²
Salle de séjour agrandie, chambre à coucher, cuisine et toit
86 m²
Vergrößertes Wohnzimmer, Schlafzimmer, Küche, Bad und
begehbares Dach

Model 2016 Type 2016 Typ 2016

1496 sq. ft.
Expanded living area, kitchen, bath for guests, master bedroom with bath, bedroom with bath, roofed frontyard/carport
and two roof decks.
139 m²
Salle de séjour agrandie, cuisine, salle de bains pour invités,
chambre à coucher principale avec salle de bains, chambre à
coucher avec salle de bains, patio couvert et deux toits
139 m²
Vergrößertes Wohnzimmer, Küche, Gäste-WC, Elternschlafzimmer mit Bad, Schlafzimmer mit Bad, überdachter Innenhof
und zwei begehbare Dächer.

Model 2028 Type 2028 Typ 2028

1711 sq. ft.
Living area, kitchen, bath for guests, master bedroom with
bath, bedroom with bath, studio with bath and kitchen on
third floor, roofed frontyard/carport and three roof decks.
159 m²
Salle de séjour, cuisine, salle de bains pour invités, chambre
à coucher principale avec salle de bains, chambre à coucher
avec salle de bains, studio avec salle de bains et cuisine au
deuxième étage, patio couvert et trois toits en terrasse
159 m²
Wohnzimmer, Küche, Gäste-WC, Elternschlafzimmer mit Bad,
Schlafzimmer mit Bad, Studio mit Bad und Küche im zweiten
Stock, überdachter Innenhof und drei begehbare Dächer

Photo credits